# EL ESCRITOR SIN FRONTERAS

## Las claves de la escritura creativa

Mariano José Vázquez Alonso

# EL ESCRITOR SIN FRONTERAS
## Las claves de la escritura creativa

MA
NON
TROPPO

© 2013, Mariano José Vázquez Alonso

© 2013, Ediciones Robinbook, s. l., Barcelona

Diseño de cubierta: Regina Richling

Imagen de cubierta: iStockphoto

Producción: ebc, serveis editorials
Diseño de interior: Montse Gómez

ISBN: 978-84-15256-44-1

Depósito legal: B-11.922-2013

Impreso por Sagrafic, Plaza Urquinaona, 14, 7.º 3.ª, 08010 Barcelona

Impreso en España - Printed in Spain

# ÍNDICE

## CUARTA PARTE

# INTRODUCCIÓN

## Un texto que el lector no debiera pasar por alto

El propósito de este libro no es otro que el de ayudar, en la medida de lo posible, a que ese deseo que usted ha venido alimentando —quizá desde hace mucho tiempo— de ser un escritor original y conocido pueda convertirse ahora en realidad. Para ello vamos a trabajar a lo largo de estas páginas en una labor conjunta y animosa. Expondremos de forma detallada aquellas técnicas y conocimientos que consideramos apropiados para alcanzar el objetivo propuesto. Usted, como lector atento, sin duda irá asimilando, modelando, personalizando y poniendo en práctica —estimulado siempre por el hálito de su propia intuición y talento— las consideraciones y pautas que se hacen en estas páginas.

Para llevar a cabo de forma eficaz nuestro objetivo estableceremos el orden de prioridades que consideramos necesario a la hora de escribir una obra literaria del género que sea. Revisaremos las bases, formativas e informativas, que ha de tener presente todo escritor y que podrán servirle de ayuda en la consecución de su propósito. Pero trataremos de hacer todo ello de una forma que, al mismo tiempo, sea secuencial y lo más atractiva posible sin abundar en esquemas, diagramas y cuadros sinópticos que hagan cansina la lectura, y que a la hora de la verdad, seamos sinceros, sirven para bien poco.

Dicho lo que antecede recordemos con cuanta intensidad se habla en nuestros días de la posibilidad de enseñar a escribir literariamente, ya sea en cursos académicos o en talleres de escritura, como es el caso del libro que ahora tiene usted, lector, en las manos.

Ciertamente se puede enseñar a corregir errores, a mostrar determinadas técnicas y a estimular la creación literaria, pero por muchos que sean los caminos que tal vez lleven a convertirle en un escritor reconocido no existe una senda instantánea y milagrosa que conduzca a ese objetivo tan ansiado. Porque para conseguirlo es indispensable poseer algo de talento, mucha constancia y sobre todo —no nos olvidemos jamás de este elemento capital— una buena dosis de suerte. Pero, de todos modos, es necesario que lo intentemos porque se trata de una hermosa tarea que puede proporcionarnos frutos de variada índole. A ello nos vamos a dedicar en estas páginas con la mejor disposición.

Nos gustaría dejar claro que no quisiéramos ser tan atrevidos como para afirmar —cómodamente instalados en el podio de una falsa sabiduría literaria— cómo se ha de escribir de forma perfecta una novela, un relato breve, un poema o una obra de teatro. A la hora de hacer tal cosa sería muy arriesgado establecer reglas generales, porque no se puede exigir lo mismo a todos los escritores. Cada uno posee su propia idiosincrasia, su don personal y su nivel de capacidad.

Simplemente vamos a exponer a lo largo de estas páginas aquellas técnicas y recomendaciones que le pudieran resultar válidas a la hora de cumplir ese deseo —o esa necesidad— de escribir su obra. Porque, de todos modos, está claro que algo siempre se puede enseñar, ya se trate de corregir errores o de describir técnicas.

No obstante tengamos bien presente —no está de más repetirlo— que cuanto vamos a indicar en estas páginas es sólo el punto de partida para que usted desarrolle y manifieste su propia capacidad creadora. Repitamos asimismo que todo escritor expresa en su obra sus singularidades individuales y eso es algo que hay que respetar a toda costa, y en lo que queremos insistir en esta introducción.

Indiquemos por último que en la distribución del material que forma este libro, y a modo de recordatorio, resaltaremos de forma muy sintética al concluir cada capítulo los puntos capitales que se hayan tratado en el mismo y que constituyen, en cierto modo, su esencia. Añadiremos también algunas sugerencias y algunas pautas porque creemos que tal vez resulten interesantes a la hora de escribir una obra, pertenezca ésta a cualquier género literario. Tal vez mi experiencia como escritor, unida a la de otros autores de mucha más relevancia, pueda serle útil.

Confiemos en que la lectura de estas páginas y la puesta en práctica de cuanto en ellas se dice resulte válido para usted, lector y escritor. Ojalá sea así.

Y sin extendernos en más preámbulos, nos ponemos ya manos a la obra.

# PRIMERA PARTE

# 1

# LA ESCRITURA CREATIVA

## La misión del escritor

Ante todo hemos de tener presente que la labor literaria no se reduce a un mero juego de estructuras y de normas, ni mucho menos a una forma de escapismo apropiada para mentes ociosas. La literatura es un medio de expresión —un arte, para decirlo de modo más preciso— que se encuentra vinculado muy directamente a las preocupaciones e inquietudes más nobles y elevadas del ser humano.

Charles du Bos, un eminente crítico literario francés y buen amigo de Gide decía, allá por los años treinta del pasado siglo: «La literatura es, sobre todo, la vida que toma conciencia de ella misma cuando, en el alma de un hombre de genio, alcanza su plenitud de expresión». ¡Ahí es nada!

Por nuestra parte podríamos asegurar, sin temor a equivocarnos demasiado, que la obra literaria es el instrumento esencial de lo que entendemos por humanismo. Un humanismo que es necesario tener siempre presente; que debiera renovarse y enriquecerse continuamente y que, por desgracia, vive en la actualidad un momento de intensa penuria.

Es por ello que usted, como escritor, deberá elegir entre limitarse a divertir —teniendo bien presente que no ha de considerarse la diversión como algo negativo—, o inquietar y motivar al lector con su obra. Pero tanto si se inclina por lo primero como por lo segundo —y aunque la trascendencia de su obra literaria pueda ser mayor o menor—, siempre ha de procurar apartarse de los caminos trillados y de los lugares comunes procurando llevar al lector por derroteros que aviven su mente y la enriquezcan.

**_Adoptemos como lema olvidarnos de lo convencional y de lo tópico._**

Si dejamos a un lado tanto una actitud como la otra estaremos en disposición de abrir la puerta a una actitud creadora. Eso es precisamente lo que necesita todo escritor.

## La tarea literaria

Decía un gran poeta inglés de la época isabelina, John Donne, que el ser humano, por lo general, no está plenamente despierto a lo largo de su vida sino que vive en un perenne estado de letargo, aunque no sea consciente de ello.

Por consiguiente resulta necesario que su labor como escritor sea la de despertar, incluso inquietar, al lector de su obra. Pero para ello ha de mostrarse siempre consciente de que a todos nos cuesta trabajo —incluso manifestamos bastante resistencia, llegado el momento— a salir de ese letargo.

Así pues, hemos de tener presente que la persona que se decide a escoger un libro para disfrutar con su lectura no debe —no debiera— limitarse de forma pasiva a escuchar lo que cuenta el autor, sino que ha de reaccionar ante lo que lee, ha de criticarlo y, llegado el caso ha de plantearse cuestiones de tipo personal, y general, ante su lectura.

**_Una de las tareas de todo escritor es que su obra sirva para hacer reaccionar a sus lectores._**

Y esa reacción es al mismo tiempo una reflexión. Porque aunque en ocasiones leamos un libro —ya se trate de obra de ficción, ensayo, obra dramática, etc.— por mera evasión, toda lectura puede condicionar nuestra actitud ante la vida.

En definitiva, toda obra literaria debe constituir un testimonio, mostrar una actitud ante la vida. Por consiguiente, permítasenos esta osadía, un buen libro *tiene la obligación* de ampliar nuestra visión de la vida.

## El mundo del escritor

Si la obra literaria fuera tan sólo un mero escapismo, un simple juego de formas, podría decirse que resultaría un trabajo casi inútil. Por el contrario, lo que usted escriba ha de servir, ante todo, de vehículo para la difusión de sus ideas. De las ideas que usted tenga como escritor, sin que esto quiera decir que haya de convertirse en un especialista a la hora de manifestarlas, tanto si se refieren al plano de la política, de la moral o, incluso, de la religión.

Ésta es la razón por la que la forma literaria que se elija deberá constituir la expresión de la actitud que usted, como escritor, manifiesta ante el mundo y, por supuesto, ante la vida.

Pero no hay que preocuparse excesivamente, porque para ello no es imprescindible —aunque siempre parezca recomendable— que su obra posea una buena calidad. Porque como dijo el gran poeta y crítico literario norteamericano T.S. Eliot, «la grandeza de la obra literaria no ha de medirse exclusivamente desde el punto de vista estético». Si bien es necesario recordar que esa calidad estética es el elemento que nos servirá para calibrar si un libro es o no lo que entendemos por «obra literaria».

 **La obra literaria auténtica no tiene por qué estar sometida a los cánones de la estética.**

Pongamos un ejemplo: La autora de una novela tan conocida como *La cabaña del tío Tom* —la escritora norteamericana Harriet Beecher Stowe— emocionó al gran público de su época, logrando influir con su obra en una causa tan justa como la abolición de la esclavitud en Estados Unidos. Sin embargo, no se puede afirmar que esa novela sea un prodigio de calidad ni de estética literaria. Pero el resultado obtenido con su obra superó todas las previsiones.

Es éste un caso evidente en el que el autor no vuelca precisamente toda su fuerza y capacidad literaria en cuidar un estilo literario pulcro y académico, sino más bien en hacer de su obra un auténtico manifiesto contra una injusticia social que no puede permitir

Otro ejemplo significativo: En la Inglaterra del siglo XIX, las obras de Charles Dickens —escritor de mucha mayor categoría que la autora anteriormente citada— influyeron en la sociedad de su tiempo, al exponer la cruel situación laboral en que vivían muchos niños pobres. Sus novelas tuvieron una gran difusión.

De esta manera, Dickens logró que algunas de sus obras sirvieran no sólo para distraer el ocio de las clases británicas acomodadas (tan acostumbradas a apoltronarse en las confortables butacas de sus clubs), sino —y en muy buena medida— para que se promulgaran al respecto leyes sociales muy positivas. Es muy posible que, en el fondo ése fuera el auténtico objetivo de un escritor que había sufrido en su propia carne, siendo todavía muy niño, la esclavitud laboral.

## La escritura como testimonio

Por supuesto que usted no tiene la obligación de convertirse en apóstol de ninguna causa como, en cierto modo, lo hicieron los autores referidos u otros muchos que podríamos mencionar. Pero es muy importante decir aquí que, en la medida que le sea posible, no está de más que refleje en su obra las circunstancias que rodean el mundo en el que vive.

Como escritor nunca deberá olvidar que la palabra no es un simple sonido que puede resultar más o menos grato, sino que ha de tener significado, ya que en definitiva la palabra es eso: significado. Éste es un concepto en el que, por su importancia, volveremos a insistir más adelante.

Por consiguiente, su trabajo literario como escritor —sea cual fuere la forma literaria que elija— ha de manifestar, como ya hemos dicho, la actitud que usted decida adoptar ante el mundo y ante la vida. Así pues, en su labor de escritor habrá de convertirse en un intérprete de su tiempo.

 **La obra del escritor ha de ser un reflejo de su visión del mundo.**

Cada obra, toda obra, ha de dar testimonio de su autor; y, por supuesto, de su época. Al hacerlo así puede influir sobre la sociedad y contribuir a modificarla y mejorarla. Éste es el marco de referencias de todo escritor, porque él y la sociedad en que vive se están influyendo mutuamente.

Y puesto que estamos hablando de esa visión que ha de estar siempre presente, terminaremos este apartado recordando lo que al respecto decía un notable autor: «Lo importante de un novelista es su temperamento, su personalidad, su modo especial y propio de *ver la vida*». Creemos que en ello consiste realmente el verdadero testimonio del escritor.

## La expresión y el lenguaje

Más adelante en este libro nos ocuparemos de cómo creemos que ha de ser el lenguaje que se emplea en la obra literaria. Digamos aquí tan sólo que es bien sabido que la utilización del lenguaje estándar —esa forma coloquial de relacionarnos con los demás— constituye una herramienta muy importante para facilitar las infinitas comunicaciones de las que nos valemos cuando queremos contar una historia. Es un lenguaje que no ha sido dictado por nadie, ya que forma parte de una educación compartida por todos.

Así pues, todo el mundo tiene acceso a un extenso patrimonio de expresiones útiles para establecer la comunicación rápida de ideas. Algo práctico y necesario en nuestra vida diaria.

Pero ¿es ése el lenguaje del escritor? No lo crea.

### El escritor ha de olvidarse del lenguaje convencional para crear el suyo.

Para empezar es necesario decir que existe un peligro cuando el escritor emplea ese tipo de lenguaje coloquial. Porque la utilización exagerada, el abuso, de un lenguaje de tipo tradicional, o el empleo de las palabras que forman parte de la última moda, cristalizarán sin duda alguna en formas de expresión vacías y de muy escaso contenido. El escritor ha de evitarlas a toda costa si pretende dotar a su obra de un carácter personal.

Por el contrario, usted como autor deberá crear su propio lenguaje (en el supuesto de que aún no lo haya creado), enriqueciéndolo y dinamizándolo a fin de establecer un vínculo con sus lectores. Una conexión exclusivamente creada por usted y de la que, por consiguiente, es usted su único responsable.

Como afirmaba un genial escritor americano de nuestros días, para muchos autores meterse con el lenguaje constituye un trabajo arduo y difícil. Sin embargo, si sabemos escuchar lo que oímos cada día en múltiples sitios, y logramos transformarlo con nuestro ingenio, esa aparentemente ardua labor dejará de serlo.

Más adelante incluimos un párrafo genial de Julio Cortázar en el que este escritor hace gala de su imaginación creando un lenguaje propio, original y heterodoxo con el que logra, sin embargo, narrar con toda precisión una escena muy concreta. En este caso el lector, confabulándose con el autor, crea una nueva dinámica lingüística, enriquecedora y sumamente plástica.

Ese párrafo constituye todo un logro literario de expresividad y de ingenio. No es fácil, ni tampoco se pretende, que tratemos de emular la originalidad de Cortázar. Pero tal vez sería un buen ejercicio el que, de vez en cuando, jugáramos a crear nuestro propio lenguaje. Sería una práctica que alimentaría nuestra capacidad expresiva, y sin duda nos serviría de magnífico estímulo.

## El «viaje» del escritor

Para todo autor la obra que esté escribiendo —ya sea novela, relato corto, ensayo, poesía u obra teatral— constituye un viaje. Un viaje íntimo, generador de experiencias imprevistas, enriquecedor y no exento de peligros.

Homero, hace casi tres milenios, pedía a los dioses en su «odisea» que le acompañasen en el relato que iba a iniciar. Para él era también un viaje, en el que no importaba ignorar en dónde se iniciaba o dónde podría concluir.

Por lo general, todas las historias se componen de no muchos ingredientes básicos que constituyen, en el fondo, su estructura. Esos elementos pueden encontrarse en los mitos universales, en los cuentos infantiles, en las fábulas, en el acontecer histórico y, en cierta medida, en los sueños. En ellos suelen estar presentes, aunque de distinta forma, esos componentes elementales de toda narración: introducción, nudo y desenlace.

En buena medida la labor del escritor consiste en desarrollar tales elementos, enriqueciéndolos y diversificándolos a fin de construir su propio viaje.

Y en ese viaje ha de estar siempre presente «el insaciable deseo de escribir alguna cosa antes de morir», como decía Virginia Woolf.

 ***El escritor no cesa de viajar interiormente mientras escribe su obra.***

Naturalmente que no es algo despreciable para todo escritor conocer tierras y gentes exóticas que seguramente enriquecerán su acervo cultural. Pero el mejor viaje que puede emprender todo escritor —también usted y yo, por supuesto— es el que se realiza dentro de uno mismo al escribir esa obra que tanto nos atrae.

Esa atracción viene dada en gran medida por preguntas que nos hemos formulado pero que difícilmente podremos contestar. Azorín en su obra *El escritor* hacía una afirmación contundente: «El misterio del escritor no lo penetrará jamás nadie. El misterio de la obra literaria no será jamás por nadie enteramente esclarecido».

Ese misterio, ese enigma es el compañero inseparable del escritor en su viaje. Pero no olvidemos que ese viaje ha de ser gozoso. Aceptémoslo y familiaricémonos con él.

Por consiguiente veamos:

## Lo que SÍ conviene hacer:

✓ Apartarse de los lugares comunes, llevando con su obra al lector por caminos que aviven y enriquezcan su mente.

✓ Tener presente que el verdadero estilo del escritor ha de ser un reflejo de su temperamento y de su personalidad.

✓ Recordar que la palabra ha de tener siempre significado.

Y

## Lo que NO conviene hacer:

✗ Utilizar palabras a la moda, expresiones de escaso contenido y un lenguaje de tipo convencional y escasamente personal, a menos que la obra lo requiera de forma muy específica.

---

## Ejercicio

Antes de ponerse a escribir la obra que tiene en mente hágase estas preguntas:

- ¿Por qué quiero escribir?
- ¿Tendré la suficiente constancia para concluir mi obra?
- ¿Me preocupará más la forma que el fondo en lo que escriba?
- ¿He de someterme a normas y cánones estéticos?
- ¿Lograré evitar los convencionalismos y los tópicos?
- ¿Sabré escoger un lenguaje personal para mi obra?

## Conclusión

Por tanto, recordemos que el escritor creativo deberá:

▶ Motivar al lector con su obra.
▶ Manifestar con lo que escriba su actitud ante el mundo y ante la vida.
▶ Utilizar una forma de expresión propia.
▶ Dar pleno significado a sus palabras.
▶ Expresar su temperamento y personalidad en su obra.

## Nota a pie de página

Aunque el escritor representa con su obra un poco el papel de demiurgo, de creador de un universo, no es acertado adoptar por ello un tono de superioridad. El orgullo del escritor tiene que manifestarse en otro ámbito. Tengamos siempre presente que es muy posible que lo que escribamos no tenga la importancia que sin duda le concedemos. Partir de cero no es un método equivocado.

# 2

# DISFRUTE ESCRIBIENDO

## La necesidad de expresarse

Es bastante frecuente que el deseo de expresarse mediante la creación de una obra literaria sea superior a la búsqueda de la belleza en esa misma obra. Así debe ser, en pro de la espontaneidad.

El novelista y dramaturgo americano Thorton N. Wilder afirmaba en una de su mejores novelas que el auténtico fin de toda obra literaria debe consistir en la manifestación de lo más íntimo de uno, en la auténtica expresión del corazón.

En general, el escritor escribe porque siente la necesidad de desprenderse de algo interior. Y ese desprendimiento ha de hacerse en beneficio de los demás. Y, en el caso que nos ocupa, de sus lectores.

 **No nos olvidemos que incluso en el diario más íntimo uno siempre está escribiendo para «el otro».**

Abundando en este punto recordemos lo que decía Marcel Proust: que el novelista es como una esponja que se empapa de vida y, poco a poco, va vaciando ese líquido vital en su novela. Por consiguiente, usted, lector de este libro, deberá impregnarse también de vida, de esa vida que le rodea, que le apasiona o le disgusta, antes de decidirse a escribir.

Hemos de tener siempre presente que el verdadero escritor no debe tener como objetivo principal el conseguir premios, ganar dinero o lograr la fama. Todo ello, aunque sea lícito y aceptable, no es fundamental. Lo que realmente importa al escritor de verdad es dar rienda suelta a esa necesidad íntima de expresarse, de manifestar a los demás el mundo que uno ha creado. En resumidas cuentas: expresar su yo más íntimo.

 **El escritor se impregna de la vida para después poder expresarla.**

No obstante, en todo trabajo de creación literaria si bien pueden abundar las satisfacciones no escasearán las dificultades. Son los obstáculos y dificultades que se presentan en todo trabajo creativo. (Alguien afirmó, con cierta ironía, que de suceder lo contrario la labor del escritor resultaría muy aburrida.) Hablemos de esas aparentes trabas.

## Gratificaciones y trabajos de la escritura

Todo escritor debe comprometer su capacidad creativa, por entero y sin reservas, en la obra que está escribiendo. Esto es algo que resulta más fácil de aconsejar que de llevar a la práctica. Pero sin esa condición básica de entrega total, poco es lo que llegaremos a hacer.

Tanto si nos disponemos a escribir una novela como si se trata de una obra de teatro, un ensayo o un poema, el escritor ha de mirar al mundo que le rodea, poner todo su interés en esa mirada, en lo que escucha y en lo que observa. Porque partiendo de ese mundo, va a crear el suyo propio. Y si sabe poner todo el énfasis en esa mirada, en esa observación, le resultará más fácil llevar a cabo su obra, porque entonces ésta generará una particular energía autocreadora.

Un escritor como Michel Butor, que ensayó diferentes técnicas narrativas, y que fue uno de los promotores del llamado «nouveau roman», afirmaba al referirse a la creación literaria que no era el novelista quien escribía la novela, sino que era ésta la que se iba haciendo por sí misma. Y añadía que el escritor, el novelista —en el caso al que se refería— no era más que un instrumento en esa venida al mundo de la obra.

**El escritor ha de observar atentamente el mundo que le rodea para crear el suyo propio.**

Dicho lo que antecede es necesario aclarar que pese a la afirmación de Butor —cierta, sin duda alguna— es necesario, imprescindible, que el escritor, además de dejarse llevar por ese impulso creador, que en más de una ocasión puede arrebatarle, no se olvide de que la imaginación también necesita activarse mediante lo que se ve, se lee, se escucha y, sobre todo, se siente. No nos cansaremos de repetir que el oficio del escritor requiere, como todos los oficios, trabajo, reflexión y constancia.

## Algunas razones para escribir

Así pues, cabe preguntarse cuáles son en definitiva los motivos «las razones de peso» que nos impulsan a escribir. ¿Por qué experimentamos ese anhelo de crear nuestra obra literaria? Vamos a tratar de contestar a esta pregunta.

En primer lugar podríamos decir que queremos y debemos escribir porque la palabra escrita —lo que podríamos denominar en líneas generales como «la escritura»— proporciona al escritor dos elementos fundamentales para su desarrollo intelectual: claridad y fuerza de su expresión vital. Además de esos dos elementos tan esenciales, el escribir tiene asimismo un fuerte componente sensual, otorga al escritor una energía especial y exclusiva. Una energía que todo creador literario experimentará en mayor o menor medida.

**La escritura enriquece, clarifica y vigoriza la existencia del individuo.**

El escritor, tanto si se dedica a la narrativa de ficción, al ensayo, al teatro o a la investigación, va creando con su obra una forma personal de entender y de expresar el mundo que le rodea. Y ese entendimiento y esa capacidad expresiva le hacen crecer como ser humano.

Si damos por cierto que la palabra, tanto la verbalizada como la escrita, nos otorga poder, ¿ha de renunciar el escritor a esa fuerza, a ese poder?

En el acto de escribir se experimenta un cierto vértigo. Y en ese vértigo subyacen evidentemente temores, riesgos y desafíos. Pero también se crea con la escritura una energía muy especial, exclusiva y placentera. A esto podríamos añadir que el cerebro, la mente, disfruta cuando escribimos, porque el acto de nombrar las cosas, de establecer un adecuado proceso de asociación, selección y, claro está, de discernimiento, fortalece nuestro espíritu.

¿No son todas ellas razones más que suficientes para que el escritor se anime a vivir esa experiencia única que es la escritura?

## La importancia de saber conectar

Una de las cosas que debemos considerar como escritores es reconocer la importancia que tiene el saber conectar con el lector.

Si como ya se ha dicho el escritor necesita expresarse, a la hora de hacerlo ha de buscar la forma de que cuanto escriba encuentre eco en los demás.

Es un hecho evidente que hay autores con los que nos sentimos más afines, con los que conectamos mejor que con otros, por muy famosos o reconocidos que sean.

Por tanto, a todo escritor le vendrá muy bien:

* *Evitar un estilo exageradamente académico.*
* *Cuidar la puntuación, para que exista orden en el relato.*
* *Ponerse siempre en el papel del lector.*

Para cumplir estos tres puntos es necesario que en la obra que estemos escribiendo haya suficiente frescura y amenidad, de modo que el lector no se sienta agobiado por una excesiva manifestación de los sentimientos que tenga el autor.

Por su parte éste tampoco debería sentirse condicionado por la preocupación de si lo que está escribiendo cumple con todos los requisitos estéticos de una obra perfecta. Para decirlo con otras palabras: es necesario escribir disfrutando. De este modo es muy posible que los lectores también disfruten leyendo. Pero esto no quiere decir en absoluto que la obra tenga que ser forzosamente un prodigio de diversión.

## Evitar los bloqueos

Aunque todo escritor deba ampliar su parte analítica conociendo y estudiando distintas técnicas literarias (porque no hay que olvidar que también se ha de conocer, y en muy buena medida, lo que escriben los demás), nunca se ha de llegar al punto en el que pensar demasiado en dichas técnicas y lecturas impida la realización de la obra que está escribiendo.

El miedo a la crítica, por ejemplo, puede constituir —y de hecho constituye— un serio bloqueo a la hora de realizar el trabajo de la escritura. Por ello no es equivocado adquirir el hábito de escribir a solas.

Escojamos, por ejemplo, cada mañana un rato en el que, retirados en nuestra habitación o nuestro estudio, podamos llevar a cabo nuestro trabajo sin sentirnos mediatizados por conversaciones, por la lectura de periódicos o por los comentarios críticos hechos sobre otras obras.

 *Conviene escribir lo que espontáneamente haya surgido en la mente, sin preocuparse demasiado por elaborarlo fatigosamente.*

Ya habrá tiempo de releer más tarde lo que hemos escrito, y de corregirlo si fuera preciso.

Es frecuente y muy comprensible que surjan momentos en los que el escritor se sienta incapaz de continuar su relato, y en los que incluso le entren dudas de si valdrá la pena aquello que está escribiendo. Por lo general, estos momentos de desaliento no son excepcionales. Forman parte de la misma labor de la creación, y hasta podríamos decir que pobre de aquel que no los tenga. Lo más acertado en esos momentos de desánimo es suspender el trabajo.

Escribir un par de líneas en el diario personal —en el supuesto de que se tenga—, expresando esa incapacidad momentánea, es un recurso que puede ser muy acertado.

 **No es acertado tener muy en cuenta las críticas ajenas ni las exageradas autocríticas.**

La labor del escritor exige constancia y paciencia. Sin esos dos pilares poco se podrá construir.

Es muy conveniente, además, que se deje madurar el planteamiento de la obra que se está escribiendo hasta que se tenga una idea clara de hacia dónde nos dirigimos.

Si al escribir sentimos ese bloqueo —tan frecuente en el escritor— que nos impide seguir adelante, y hasta nos produce un intenso desánimo, lo mejor será, como ya se ha dicho, que interrumpamos nuestro trabajo y nos dediquemos a cualquier otra cosa que nada tenga que ver con la obra que se está escribiendo. Es muy probable que cuando retomemos la obra el bloqueo haya desaparecido.

## Superar las pruebas

El iniciar una obra literaria suele estimular el ánimo. Pero, repitámoslo una vez más, es posible que no logremos mantener ese estado de euforia y de optimismo a lo largo —y muy especialmente— de los capítulos que constituyen el corazón de la obra. ¿Cómo evitar el desánimo que puede surgir en esa primera etapa?

Dar consejos para superar esas primeras pruebas es una tarea arriesgada. No obstante vamos a atrevernos a dar uno: *Suceda lo que suceda no deje de escribir*. Búsque cualquier recurso para no dejar de hacerlo. Porque una cosa es el bloqueo momentáneo del que hemos hablado, de esa sensación tan común de «hoy no soy capaz de escribir una línea», y otra muy distinta sentir una fuerte y persistente decepción: «Creo que lo que estoy escribiendo carece de valor. No vale la pena que siga llenando folios».

Este último pensamiento siempre es destructivo y, por lo general, está unido a un impulso perfeccionista que es en sí mismo castrador. Si le prestamos atención es muy probable que caigamos en la inacción. Revisemos lo que hemos escrito hasta el momento. Es muy probable que el material de que dispongamos nos pueda proporcionar la clave para continuar la obra.

 ***Ante los bloqueos surgidos en la realización de nuestra obra recurramos a esta fórmula: ¡escribir sobre cualquier otra cosa! ¡Pero no dejemos de escribir!***

Flaubert nos dio a todos los escritores este consejo: «Trabaja, trabaja, escribe tanto como puedas, tanto como tu musa te arrebate. Éste es el mejor corcel, la mejor carroza para escapar de los rigores de la vida. El cansancio de la existencia no nos pesa cuando escribimos».

Esa liberación del cansancio existencial que se experimenta cuando nos ponemos a escribir también lo ratifica otro magnífico escritor: Henry Miller.

Miller, el emblemático autor y protagonista de *Trópico de Cáncer*, aconseja a los escritores: «Desarrolla intereses en la vida a medida que vas descubriéndola. Interésate en las personas, las cosas, la literatura, la música. ¡El mundo es increíblemente rico, está lleno de valiosos tesoros, de almas bellas y de seres humanos interesantes. ¡Olvídate de ti mismo!».

(Y esto lo afirma un escritor cuyas obras no muestran en muchas ocasiones un gran entusiasmo por lo que escribe él mismo, o por lo que escriben los demás.)

Es un hecho comprobado que cuando se opta por olvidarse de uno mismo resulta más fácil escribir. Cuando nos convertimos en simple vehículo de nuestra capacidad expresiva se logra mayor calidad en cuanto escribamos.

Y, por supuesto, tengamos siempre presente que, como ya hemos apuntado, el desaliento forma parte del juego de la escritura. No lo convirtamos nunca en un fantasma dispuesto a destruirnos.

## La elección del tema

Bien. Hemos hablado de las razones que podemos tener para escribir nuestra obra, de la importancia del saber conectar con el lector, de los posibles bloqueos y pruebas que, muy probablemente, experimentaremos a lo largo de nuestra creación, incluso de la necesidad de expresarnos (aquello que se ha dicho de la liberación que experimenta el escritor cuando escribe). Pero ¿hemos sabido escoger acertadamente el tema sobre el que vamos a escribir, tanto si nos hemos decantado por una obra de ficción, como por cualquier otra forma de creación literaria?

Para empezar no estará de más que tengamos presente que, escojamos el género que escojamos, los futuros lectores han comprado nuestra obra (en el caso de que tengamos la suerte de que se vea publicada) tal vez para aprender algo con ella, incluso para que les hagamos reflexionar con lo que contamos —punto un tanto delicado en todo libro—, pero, fundamentalmente, para que le aportemos algo nuevo, y de forma amena, con la lectura.

Tampoco ningún lector —sea cual sea el género literario al que vayamos a dedicar nuestro esfuerzo creador— querrá que le adoctrinemos. Por consiguiente seamos muy prudentes al escoger el tema de nuestra obra.

 ***Evitemos en el tema de la obra que estemos escribiendo cualquier clase de adoctrinamiento.***

Indiscutiblemente habremos acertado tanto si el tema escogido como la trama de la obra se conjugan acertadamente para producir en el lector el necesario interés. Esto es lo deseable. Para ello no debemos extendernos demasiado en un prólogo en el que expliquemos cuáles son nuestras opiniones. Es muy posible que al lector no le interesen demasiado. No olvidemos tampoco que en muchas ocasiones se puede recurrir a las citas. En este libro, por ejemplo, lo hacemos para reforzar el punto que estamos tratando, ya que en principio se pretende que estas páginas tengan un carácter ilustrativo o, si se nos permite decirlo, pedagógico.

Pero utilizar citas abundantes u otros recursos parecidos —especialmente si se trata de una novela, y las ponemos en boca de alguno de los protagonistas— no es lo más recomendable. El lector se dará cuenta de que nos estamos refugiando en opiniones ajenas para justificar la actuación de los personajes. Con ello se perderá el impacto que pueda tener el tema escogido para la obra.

## Estado de ánimo y dramatismo

Si para todo escritor resulta fundamental mantener y avivar el interés del lector en su obra, ¿qué podemos decir acerca del estado de ánimo que ha de tener el propio autor cuando va a iniciarla?

Ese desaliento del que hemos hablado y que puede desempeñar una baza importante —negativa, evidentemente— en la obra de todo escritor es susceptible de ser combatido con esas primeras frases escritas con entusiasmo. Unas líneas que, afortunadamente, suelen provocar el deseo de seguir avanzando en la escritura.

No olvidemos que el impulso de comunicarnos mediante la palabra es algo innato en nosotros. Y se ha dicho en repetidas ocasiones que tal impulso genera un estimulante estado de ánimo.

 *El impulso creador debe constituir el mejor acicate para la escritura.*

Hacer de la escritura un hábito, sin que importe cuál sea nuestro estado de ánimo, sirve para que constatemos nuestra propia capacidad creativa. Y recordemos que si bien la escritura puede constituir un arte, de lo que no hay duda es de que sea un oficio.

Y ese oficio se ve envuelto en ocasiones en el manto de un cierto dramatismo. O, por decirlo de otra manera, parece que diera la impresión de que los escritores necesitamos una serie de requisitos que creemos imprescindibles para llevar a cabo nuestro trabajo creador: un espacio privado, el apartarse de los problemas cotidianos, la marginación de los compromisos, etc.

Virginia Woolf hizo referencia a estas necesidades del escritor al manifestar la conveniencia de disponer «de una habitación propia». No cabe duda de que tal cosa representa una comodidad. Pero tampoco es necesario exagerar. Más nos valdrá que reservemos todo dramatismo para enriquecer la página escrita. ¿Acaso no se afirma que Faulkner podía escribir tumbado en el suelo del vagón de un tren de mercancías?

## Evitar la rutina

Aunque hayamos sugerido que es bueno hacer un hábito de la escritura, y a lo largo de estas páginas insistamos más de una vez en la conveniencia de ser constantes —escribir, escribir, escribir— eso no quiere decir que, llevados por ese «deber» que ha de tener presente todo escritor, convirtamos nuestro trabajo de escritura creativa en una mera labor rutinaria.

Estamos convencidos —y sin duda alguna usted, lector de estas líneas, también lo estará— de que ambos términos, creación y rutina, son antagónicos. Bien es cierto que como escritores no podemos pasarnos el tiempo en espera de que la inspiración asome por la ventana, porque en muchas ocasiones es necesario que le echemos una mano a la Musa.

Incluso —y más de una vez— hemos de esforzarnos, y no poco, a la hora de ponernos ante el folio en blanco. Pero eso nada tiene que ver con la rutina a la que nos estamos refiriendo, porque una de las definiciones de esa palabra es «costumbre de hacer las cosas por mera práctica *sin razonarlas*». Y no es precisamente ése el camino que vamos a escoger cuando estemos escribiendo.

**La escritura creativa debe representar una labor de transformación personal.**

Hemos hablado ya de los bloqueos que suele vivir todo escritor —¡afortunada rara avis el que no los tenga!— y de algún truco para combatirlos. Pero eso nada tiene que ver con la rutina a la que nos estamos refiriendo. *Escribir es ante todo acción, es movimiento, es fuerza y apertura; y también reflexión.* Al escribir nos transformamos, porque la energía que canalizamos en el acto de escribir actúa en nosotros como un proceso alquímico. ¿Cómo podemos hablar entonces de mera «rutina»?

No pocos psicólogos afirman que ser creativo conlleva el hecho de fomentar la manifestación del niño que todos llevamos dentro, aunque ello implique también la valoración del adulto que somos. Y, repitámoslo, poco tiene que ver ese trabajo de elaboración y de transformación con una labor meramente rutinaria.

Así pues veamos:

**Lo que SÍ conviene hacer:**

- ✓ Permitir que fluya la energía creadora.
- ✓ Convencerse de que la escritura puede enriquecer y clarificar la existencia del autor.
- ✓ Escoger adecuadamente el tema de la obra.
- ✓ Escribir para desprenderse de estados de ánimo cuya expresión pueda beneficiar al lector.
- ✓ Tener presente la importancia de saber conectar con el lector.
- ✓ Saber disfrutar con lo que se escriba.
- ✓ Habituarse a escribir diariamente, por poco que sea.

Y

**Lo que NO conviene hacer:**

- ✗ Tener como objetivo básico de la obra que se escribe el afán de lucro o los oropeles del éxito.

✗ Dejarse llevar por los bloqueos pasajeros. El desánimo es el peor enemigo del escritor.

✗ Abundar en citas u otros recursos que limitarán el interés de la obra.

✗ Preocuparse por las críticas que se puedan hacer a lo que se está escribiendo.

✗ Escribir por mera rutina.

---

## Ejercicio

Es aconsejable revisar el material escrito, ya que puede darnos las claves para continuar la obra. Escriba sucintamente las impresiones que le han producido sus primeras páginas, y anote cuáles son los verdaderos motivos que le impulsan a escribir.

---

## Conclusión

La escritura creativa requiere:

▶ Buscar la espontaneidad.
▶ Escoger adecuadamente el tema que se va a tratar.
▶ No prestar mucha atención a las críticas.
▶ Procurar soslayar los posibles bloqueos.
▶ Ser constantes.
▶ Aceptar los momentos de desaliento como parte del trabajo.
▶ Convertirse en mero vehículo de la propia expresión.

## Nota a pie de página

No es fácil, ni quizá conveniente, mantener un estado de optimismo exagerado a lo largo de cuanto estemos escribiendo. Pero tampoco nos desanimemos en exceso por los bloqueos que puedan surgir. Es casi seguro que todos los escritores hayamos conocido ambos estados de ánimo. Recordemos lo que decía Cesare Pavese: «Dada la primera línea, es cuestión de paciencia: todo el resto puede y debe salir de ella». Sin duda se irá generando una energía a lo largo de la obra que estemos escribiendo susceptible de satisfacer nuestras expectativas.

# 3

# EL DESAFÍO DE LA NARRACIÓN

## Cómo iniciar la obra

Es un hecho evidente que el inicio de toda obra —pertenezca ésta al género que sea— siempre constituye un reto. No importa que tengamos perfilado el tema que vamos a tratar, cómo pensamos desarrollarlo e incluso el desenlace que queremos darle.

Acabamos de hablar de los bloqueos que puede sentir el escritor en el transcurso de la realización de su obra, pero resulta inevitable que el primer desafío se le presente a la hora de empezarla. ¿Por dónde he de comenzar? ¿Cómo he de hacerlo?

Diríamos que, en primer lugar, es conveniente evitar todo tipo de dramatismos. No es saludable que especulemos sobre las dificultades que se puedan presentar; tampoco es acertado que establezcamos hipótesis sobre el resultado de lo que vamos a escribir. Demos paso libre a la energía creadora y pongámonos a trabajar. Si lo logramos es muy posible que experimentemos una agradable sensación de alivio.

El primer paso, en el momento de dar inicio a una obra, puede ser la plasmación del impacto que nos ha causado esa imagen que de repente se nos ha presentado ante los ojos, de esa frase escuchada al desgaire, del fragmento de un sueño tenido la víspera, o de una lectura. Pondré un ejemplo personal.

Mi primera novela publicada, *Negro vuelo de cuervo*, tuvo como elemento desencadenador la imagen de un caminante solitario, de elevada talla, desgarbado, envuelto en una larga capa, que se alejaba con paso firme por el sendero de un bosque umbrío. Era la escena de una película —basada en una historia real, sucedida en el siglo xix en el norte de España— que me impresionó notablemente.

Por supuesto, la idea argumental de la novela la tenía más o menos concebida, pero aquella imagen —naturalmente modificada— sirvió para desencadenar un posible inicio. Es más, fue el elemento que sirvió para dar contextura física al protagonista de la novela.

Así pues, una simple imagen, una frase leída, un lugar, un paisaje, pueden constituir el detonante para iniciar la obra, para romper la indecisión que muchas veces se experimenta ante la primera hoja en blanco. Y, por supuesto, para alejar las dudas sobre si lo que vamos a escribir tendrá la calidad deseable.

**Tomar una imagen, real o imaginada, puede ser de ayuda a la hora de dar principio a la historia.**

Téngase presente que el primer paso, el inicio de esa obra que se esté escribiendo, representa siempre una búsqueda en el largo viaje del escritor. Por consiguiente —no nos cansaremos de repetirlo—, esas primeras frases han de ser sugerentes y precisas. En ellas se pueden sembrar matices muy variados que van desde la duda a la incertidumbre, desde el temor al deseo.

Es posible que a lo largo de la obra encontremos alguna frase acertada que pueda representar un buen inicio. En tal caso, como es lógico, sustituiremos la ya escrita por esta nueva, y en paz. Nuestro objetivo, al fin y al cabo, no es otro que conseguir el interés del lector por lo que estamos escribiendo. Y, como diremos más de una vez, es necesario que fomentemos ese interés desde el principio.

## La escritura espontánea

Es acertado que cuando iniciemos nuestra obra —ese momento tan delicado en el que rompemos el silencio para enfrentarnos a la primeras frases— tengamos en mente una idea aproximada del tipo de lector al que vamos a dirigirnos.

En buena medida se podría decir que tal tipo de planificación es muy conveniente. Porque, de algún modo, nos estamos poniendo en la piel de ese futuro lector; y barajamos las posibilidades de que lo que estamos escribiendo no sólo le interese, sino que —y esto nos parece muy importante resaltarlo— le resulte atractivo. En alguna medida también estamos escogiendo el perfil de nuestro futuro lector. Pero detengámonos un momento a estudiar este tema.

Si la obra que está a punto de nacer —o que quizá lleve ya algún tiempo de existencia— se ve condicionada por lo que creemos que será del agrado de ese lector imaginado, es muy probable que nuestra escritura carezca de espontaneidad y de frescura.

Si nos esforzamos por buscar un lenguaje elaborado que consideramos más «literario», más «serio» (un defecto que se da con frecuencia en escritores noveles, o de escasa experiencia literaria), habremos puesto punto final a esa espontaneidad de la que hablamos. Obvio es decir, pues, que tal dependencia resulta sumamente perniciosa.

**En toda obra es necesaria la planificación, pero la espontaneidad de la escritura es imprescindible.**

Por el contrario, cuando nos decidimos a ser un canal conductor de la energía que se genera en una escritura plenamente creativa —la de ese autor que no quiere tener fronteras—, hemos de liberarnos de esa atadura de lo que pueda parecer o sonar bien a nuestros futuros lectores. Si nuestra obra se ha escrito con espontaneidad, esa espontaneidad será fácilmente captada por el receptor.

**Cuidemos nuestra «voz» literaria como el buen cantante cuida su voz física.**

En resumen: *hemos de procurar conseguir el interés del lector*, pero no debemos sentirnos mediatizados por él. Rindámonos ante esa fuerza creadora que nos invade, y nunca ante el hipotético criterio de los demás. Casi con seguridad nos equivocaremos en nuestras cábalas.

## La importancia de la primera página

Sigamos hablando del inicio de la obra.

Como ya hemos dicho, esa frase o ese párrafo escogido para dar principio a nuestra obra no tiene por qué ser inamovible ni constituir algo definitivo, siempre que nos parezca que no posee la suficiente garra para atrapar al lector. A medida que se vaya desarrollando la obra veremos si esos párrafos tienen sentido o es mejor cambiarlos incluyéndolos —o no— en otra parte del texto.

Es conveniente no olvidar que las primeras líneas —incluso, las páginas iniciales de la obra— constituyen el umbral desde donde se va a presentar al lector una historia que pretendemos sea lo más singular posible. Seamos, pues, muy cuidadosos con su estructura inicial, con su presentación, con su latente interés.

 *Un buen inicio sería esa frase que permita al lector abrirse a unas determinadas expectativas sobre lo que va a leer.*

De alguna forma el autor está creando con su obra —ya se trate, como hemos dicho, de una novela larga, de un relato breve, de un texto dramático o de un ensayo— una expectativa en el lector. Es necesario reforzar el interés que éste pueda tener en el texto, situándolo desde las primeras páginas en el ambiente, en la atmósfera o en la situación que se quiera crear.

Cuidemos de que ese arranque ofrezca al lector sugerencias atractivas y que, por supuesto, sea preciso y claro. También puede constituir una buena idea plantear la obra de modo que el conflicto o el problema que se desarrollará posteriormente se haga presente en las primeras páginas. Esta es una técnica que han puesto en práctica conocidos escritores para «enganchar» al lector.

 **El inicio de una obra es una puerta abierta a la misma que, por consiguiente, se ha de mostrar al lector de forma pulcra y sugerente.**

(Recordemos cuántas son las obras literarias de toda índole cuya lectura se abandona por presentar un inicio poco atractivo.)

## Diferentes tipos de inicio

Si bien, como ya se ha dicho, el arranque de toda obra ha de constituir un acicate para que el lector no abandone la lectura, es muy amplia la variedad de comienzos que cada escritor escoge para su obra. Pero, en cualquier caso, tampoco es necesario que nos preocupemos en exceso por lograr la perfección estilística en nuestras frases iniciales. Bastará con que resulten «atrapadoras».

Veamos algunas variantes, todas ellas acertadas, para que el lector se interese desde el principio por lo que está leyendo:

**Inseguridad:**
Juan Rulfo inicia su magnífica obra *Pedro Páramo* con este párrafo:
«Vine a Comala porque me dijeron que acá vivía mi padre, un tal Pedro Páramo.»
El personaje adopta un plano de incertidumbre, de indeterminación, del que ya empieza a hacer cómplice al lector.

**Inquietud:**
Franz Kafka da comienzo a su famosa *Metamorfosis* de este modo:
«Cuando Gregorio Samsa despertó aquella mañana, luego de un sueño agitado, se encontró en su cama convertido en un insecto monstruoso.»

El lector no puede quedarse impasible ante un hecho de tal naturaleza, por más que le resulte incomprensible.

**Intriga:**

Marcel Schwob empieza su relato «Las milesias» con una frase sorprendente:

«Las vírgenes de Mileto comenzaron a ahorcarse de pronto y sin que nadie supiera la causa.»

Este arranque del cuento no puede por menos de atrapar al lector, que, casi inconscientemente, se empieza a formular preguntas cuyas posibles respuestas constituyen un inteligente acicate para la lectura.

**Ironía:**

J. L. Borges inicia su famosísimo relato «El Aleph» con este ingenioso párrafo:

«La candente mañana en que Beatriz Viterbo murió, después de una imperiosa agonía que no se rebajó un solo instante ni al sentimentalismo ni al miedo, noté que las carteleras de fierro de la Plaza Constitución habían renovado no sé qué aviso de cigarrillos rubios.»

Hay una gran fuerza en la burlona antinomia existente entre una agonía terrible y un anuncio de cigarrillos. Antinomia que Borges se esfuerza en dejar patente para sorprender al lector.

**Sorpresa:**

Yukio Mishima comienza su *Confesiones de una máscara* con una aseveración que resulta del todo fascinante:

«Durante muchos años afirmé que podía recordar cosas que había visto en el instante de mi nacimiento.»

No es posible saber si Mishima estaba hablando en serio o no al escribir esa frase, pero en todo caso queda claro que sus palabras no nos dejan indiferentes.

**Confidencia:**

Marguerite Yourcenar inicia *Memorias de Adriano* con esta carta escrita por el emperador, de la que tomamos las primeras líneas:

«Querido Marco: He ido esta mañana a ver a mi médico Hermó-
genes, que acaba de regresar de la Villa después de un largo viaje
por Asia. El examen debía hacerse en ayunas... Te evito detalles que
te resultarían tan desagradables como a mí mismo, y la descripción
del cuerpo de un hombre que envejece y se prepara a morir de una
hidropesía del corazón...»

Pese a lo que en principio pudiera parecer, la autora no restringe
interés al lector con la confesión hecha por el protagonista. Por el
contrario, esa confidencia inicial estimula el interés por saber cómo se
habrá de desarrollar la trama de tan hermosa biografía novelada.

Podrían ponerse otros muchos ejemplos de inicios igualmente sugerentes y/o atractivos, pero será usted, lector de estas líneas, el que:

 **Trate de buscar el arranque más adecuado
para la obra que va a escribir.**

Y una vez establecido el inicio que haya seleccionado se podrá comprobar su adecuación comparándolo con otros posibles arranques. Incluso
se puede dejar el escogido para incluirlo, como ya se ha dicho, en otras
páginas de la obra.

Hemos de tener presente que no son pocos los escritores que matan
la trama, y por consiguiente el interés que pueda suscitar su novela,
antes de que ésta llegue a desarrollarse enteramente; y todo ello, por
culpa de una premisa equivocada o de un inicio poco atractivo.

## Más apuntes sobre el arranque de la obra

Bien, acabamos de ver que tanto si se trata de una obra de ficción (novela corta, larga o relato breve) como de otro tipo de trabajo literario no
deberemos iniciar nuestra obra de forma inocua o carente de fuerza.
Recuérdese que uno de los errores que suelen cometer muchos escritores —especialmente si son noveles— es la creencia de que aquello que
tiene interés para ellos ha de interesar forzosamente al lector.

También nos habremos equivocado de medio a medio si empezamos la obra —en especial si se trata de una novela— acumulando escenas y más escenas; tratando de poner al lector en antecedentes de lo que posiblemente pueda pasar, y sin que exista una historia atractiva a la vista. Es éste un error que suele darse en escritores principiantes que desean a toda costa resaltar la trascendencia que va a tener la trama de su obra.

Algo parecido a lo anterior sucede cuando el escritor se entrega, al inicio de la obra, a exponer datos excesivos sobre el personaje principal sin que haya muchos motivos para ello. Más adecuado será ir describiendo la psicología del protagonista y su circunstancia a lo largo de la obra.

Desvelar el misterio sin necesidad, y de golpe, es una forma gratuita de evitar que el lector vaya trazando sus propias conjeturas y se imbrique en el argumento. Al lector se le debe hacer siempre partícipe de la creación literaria. Volvamos a recordar aquí lo que ya se ha dicho insistentemente: una de las maneras de restar interés a una obra radica, en muchas ocasiones, en el desafortunado modo de presentar personajes y situaciones.

 *Olvidémonos de comenzar nuestra obra con datos irrelevantes —o demasiado abundantes— sobre el personaje.*

Por consiguiente, hemos de situar al lector desde los primeros párrafos ante un ambiente, una situación o un posible conflicto que llegue a resultarle un tanto enigmático. Crear en él una atracción que, por supuesto, habremos de mantener a lo largo de la obra.

Si una de las premisas básicas de todo escritor es la de establecer una adecuada conexión con el lector, es evidente que tal conexión no se va a conseguir empezando la obra con descripciones muy detalladas y premiosas.

El detenerse en pesadas informaciones preliminares tampoco servirá para ganarse el interés del lector. Por el contrario, lo mejor será emplear una técnica de arranque inmediato (o casi inmediato). En este sentido, una escena de acción puede resultar muy útil.

**Es fundamental que el autor inicie su obra de forma que estimule las expectativas de la lectura.**

Seguiremos hablando un poco más sobre este punto porque lo consideramos determinante. *Escribamos lo que escribamos es importante que «atrapemos» al lector en los primeros párrafos.* Y esto, evidentemente, es tan válido para una obra de ficción como para la de cualquier otro género.

## Fomentar el incipiente interés del lector

Ampliaremos las sugerencias hechas con algunas técnicas que, probablemente, acrecentarán desde las primeras páginas el interés del lector en nuestra obra:

1. Es muy posible que una única frase —o un párrafo breve— sirva de acicate para estimular al lector.
2. La frase escogida ha de encerrar una declaración sorprendente, una incertidumbre, una confesión personal llamativa o el esbozo de un conflicto que se habrá de desarrollar posteriormente.
3. Es también aconsejable —aunque ello encierre ciertos riesgos— principiar la obra con un diálogo que posea fuerza y sirva para «enganchar» al lector.
4. Como queda dicho no es conveniente iniciar la obra ofreciéndole al lector abundante información sobre el personaje o personajes protagonistas, en el caso de que estemos escribiendo una obra de ficción. Reservemos esos datos para el desarrollo de la trama.

 **Evitemos desvelar desde el principio las características más significativas de los principales personajes.**

Dotar al protagonista, o a los personajes más significativos de la obra, de una cierta dosis de misterio acrecentará, como dijimos, el interés que pueda sentir del lector por ellos.

## El desarrollo

Y ahora hablemos un poco del meollo de esa obra que estamos escribiendo y para la que deseamos un buen futuro.

Tanto si se trata de una obra biográfica, de un relato corto o de una novela larga —aunque más bien en el caso de esta última— en su transcurso tendrán lugar una serie de acontecimientos y posibles conflictos que se irán desenvolviendo y que concluirán adecuadamente en el desenlace. Hablemos de ellos o, si se prefiere, del desarrollo de nuestra obra.

Bien. Ya hemos planteado en los primeros párrafos, y en líneas generales, el argumento de lo que estamos escribiendo. Lo hemos hecho tratando de captar el interés de nuestro lector por lo que le vamos a contar a lo largo de futuros capítulos. Sin duda, ha llegado el momento en el que éste se pregunte: «¿Y ahora qué?».

Es un criterio extendido entre los comentaristas y críticos literarios (y nosotros lo ratificamos plenamente) que la historia que se cuenta en una obra —el tema fundamental de lo que se está narrando— debe ir creciendo, ampliándose y ramificándose a medida que se avanza en ella, si bien lo que pueda suceder en su transcurso debería poseer siempre una clara conexión con lo sugerido en los párrafos iniciales.

Esta característica es tan válida para una obra de ficción como para cualquier clase de trabajo literario.

 **_Vigile el desarrollo de la obra. No se pierda en vericuetos._**

Un escritor tan reconocido como Javier Marías advierte, al hablar sobre este tema, que lo importante en un libro es que vaya creciendo a medida que se va desarrollando su trama. Y añade que, en este sentido, las primeras frases son fundamentales, por cuanto animan al lector a continuar la lectura de la obra. De esto ya hemos hablado, no obstante añadiremos que es poco acertado dotar esas primeras frases de un interés que no seamos capaces de mantener a lo largo de la obra.

## Distintas técnicas de desarrollo

Hemos venido repitiendo (un poco insistentemente, tal vez, por la significación que tiene el tema) que las primeras frases, los primeros párrafos de una obra son muy importantes, porque de ellos depende que el lector se sienta animado a proseguir la lectura.

Pero no menos importancia tiene que el autor sepa calcular qué acontecimientos significativos han de constituir la trama de la obra. En todo caso es imprescindible que los hechos narrados en su transcurso lleven al lector a ese final que se ha vislumbrado en los primeros párrafos, pero de cuya resolución nada es posible conjeturar todavía.

Aunque parezca contradictorio con lo que acabamos de decir puede suceder —y no se producirá ninguna desgracia por ello— que el inicio de la obra prepare o determine de alguna manera el desenlace. Escritores como Onetti o García Márquez han utilizado esta técnica narrativa en obras tan consagradas como *Los adioses*, en el primer caso, y *Crónica de una muerte anunciada*, en el segundo.

Pero si nos decidiéramos por esta última opción deberemos ser muy cuidadosos para saber contar lo que sucedió antes de que se produjera ese desenlace; de forma que el lector siga interesado por el desarrollo de la obra aun sabiendo, o intuyendo, cómo va a concluir la historia.

*Iniciar una obra anticipando el final requiere una hábil narración de los hechos contados para que no decaiga el interés del lector.*

Recordemos que para desarrollar acertadamente la trama es conveniente establecer un planteamiento inicial acertado, con un número determinado de personajes y de acontecimientos. Con ello se habrá conseguido la «sustancia» de la obra, y no será necesario recurrir a subtramas o a historias separadas para acrecentar el interés del lector.

## Sorpresas, inverosimilitudes y otras particularidades

Es importante que tengamos presente que al lector, por lo general, no le atrae el hecho de que el desarrollo de la obra se desenvuelva de acuerdo con lo previsto. De ser así la narración correría el riesgo de hacerse un tanto pesada o demasiado previsible. Y ambas «dolencias» son de fatal pronóstico.

Por el contrario, cuando el escritor crea un mundo original y sorprendente, el incluir en tal universo un hecho inverosímil —algo que, por ejemplo, no dudaríamos en rechazar en un mundo convencional— nos puede parecer del todo admisible.

Uno de los primeros maestros en esta técnica de incluir lo inverosímil para generar interés y ganarse la aceptación del lector (y servirse de todo ello para hacer, además, una implacable crítica de la sociedad de su tiempo) fue Jonathan Swift con su genial *Los viajes de Gulliver*. ¿Un mundo de seres minúsculos? Pues, muy bien. La conservadora sociedad británica de su tiempo —sin darse plena cuenta de hasta qué punto Swift la estaba criticando— aceptó semejante inverosimilitud sin el menor inconveniente.

 *El lector admitirá de buena gana hechos o acontecimientos sorprendentes en la obra, siempre y cuando el autor haya creado el ambiente adecuado para ello.*

Por tanto, el escritor, con una buena dosis de habilidad, habrá de saber conducir al lector por vericuetos tal vez increíbles, pero que a aquél le puedan parecer completamente inevitables. Situaciones sorprendentes pueden resultar totalmente lógicas si hemos preparado convenientemente el terreno para que las acepte como tales.

Resumiendo lo dicho en este apartado, podemos afirmar que en toda buena novela ha de conseguirse un acertado equilibrio entre lo que el lector puede imaginarse, porque es creíble, y lo que llegue a sorprenderle porque le resulte imprevisible.

**Es inteligente establecer un adecuado equilibrio entre lo creíble y lo improbable en el desarrollo de la obra.**

## ¿Y qué decir del desenlace?

Tanto el inicio como el desenlace de una obra constituyen sendos retos y de ellos depende que el lector se muestre interesado por lo que va a leer, y no se sienta defraudado por lo que ha leído.

De nada sirve haber iniciado nuestra obra de modo brillante y haberla desarrollado adecuadamente si el desenlace lo echa todo a perder. Y una de las distintas formas de conseguirlo es buscar una solución final que no venga a cuento, o que resulte demasiado arbitraria y convencional. La expresión latina *deux ex machina* describe a la perfección esta forma de concluir una obra. Se acaba de bajar a nuestro terreno, mediante cualquier artilugio, al oportuno dios para que nos resuelva la papeleta que nosotros no sabemos resolver.

**El final de toda obra ha de ser coherente con el desarrollo expuesto en ella.**

Sucede a veces —y más de las que convendría— que el escritor sepa cómo y dónde ha de concluir su obra, pero no encuentre la forma adecuada para llegar a ese punto. Y hasta es posible que veamos cómo al finalizar alguna novela —por desgracia, más de una— el autor trata de explicarnos los motivos de cuanto nos ha ido contando a lo largo de su obra. No es ésa una buena forma de concluir porque, de hecho, el lector ya se ha dado cuenta de lo que sucedía en la trama.

Por todo ello es acertado saber cómo vamos a finalizar nuestra obra antes, incluso, de que empecemos a escribirla. Pero tampoco constituye un problema el hecho de que cambiemos ese final ya previsto a medida que vayamos desarrollando la trama, siempre que ésta lo permita.

 *Conocer de antemano el desenlace que se quiere dar a la obra no impide que el desarrollo de ésta nos obligue a modificarlo.*

Toda obra bien escrita puede guardar en su interior no pocas sorpresas para el lector. Pero ¡cuidado! No olvidemos que esas sorpresas jamás deben «salirse del tiesto». Las incongruencias siempre están prohibidas.

## Tipos de desenlace

Tradicionalmente existen dos formas de concluir una obra: con un desenlace abierto o con uno cerrado.

En el primer caso el autor deja libre al lector para que sea éste quien establezca sus propias conclusiones sobre lo que acaba de leer (algo muy parecido a lo que sucede en el cine con los finales abiertos de una película). Creemos que es una buena forma de terminar una obra, ya que evitamos una concepción absoluta y definitiva del final. Personalmente somos partidarios de esta fórmula, que hemos adoptado en algunas de nuestras propias novelas.

Por lo que se refiere al desenlace cerrado, al lector se le dejan pocas —o ninguna— expectativa de interpretación. El desarrollo de la obra, después de haber alcanzado su clímax, llega a un final en el que todo queda resuelto. El lector puede quedar de este modo satisfecho, si se trata de una persona a la que no guste especular demasiado; o, por el contrario, puede generar cierto desencanto en aquel lector que aprecia la cualidad versátil e impredecible de la vida y, por tanto, de la obra literaria.

A estas dos categorías principales se le pueden añadir algunas variantes, como la de un desenlace que mantenga vinculación con el principio o que resulte totalmente inesperado, a fin de conseguir un efecto sorpresa en el lector.

Digamos por último que para que un desenlace tenga impacto ha de crear cierta conmoción en el lector. Dejarlo indiferente cuando cierre el libro no sería lo más acertado.

Por tanto resumamos:

## Lo que SÍ conviene hacer:

✓ Romper los primeros momentos de indecisión en el arranque de la obra con el detonante de una imagen, un paisaje o una escena que nos hayan impresionado en cierto momento.

✓ Conseguir que las primeras frases de la obra resulten sugerentes y precisas para el lector.

✓ Crear una acertada expectativa en el lector con el acicate de una frase o de un párrafo breve.

✓ Vincular los hechos contados en el transcurso de la obra con el final de la misma.

✓ Lograr que el lector acepte como creíbles los hechos contados, aunque en la realidad pudieran parecernos lo contrario.

✓ Concluir la obra con un final que tenga impacto.

✓ Buscar el desenlace más adecuado para la obra.

Y

## Lo que NO conviene hacer:

✗ Matar la trama de la obra con un inicio poco atractivo o muy endeble.

✗ Ofrecer al lector, desde el principio, demasiados datos sobre el personaje principal.

✗ Extenderse, al final de la obra, en prolijas explicaciones de los hechos narrados.

✗ Rematar la obra de una forma inocua.

## Ejercicio

Compruebe si el inicio que ha escogido para su obra se acomoda al desarrollo que piensa darle. Revise si en ese desarrollo se ha desvinculado del objetivo marcado en un principio. Y, por favor, cuide el desenlace.

## Conclusión

Así pues, el escritor creativo tendrá presente:

▶ Vigilar el interés que puedan suscitar las primeras páginas.
▶ Cuidar el desarrollo de la obra sin excederse en subtramas.
▶ Enriquecer el desarrollo de la obra con posibles sorpresas argumentales.
▶ Vigilar que el desenlace no perjudique a la obra con un final poco creíble.

## Nota a pie de página

Si no disponemos de una buena dosis de confianza en lo que estamos haciendo, es muy probable que esa obra en la que habíamos puesto tantas ilusiones no pase del segundo capítulo. Confianza, constancia y una acertada dosis de autocrítica constituyen tres buenos aliados para el escritor. Acertemos a la hora de escoger un buen tema para nuestra obra y, por favor, no valoremos en exceso las críticas que se nos puedan hacer. Al fin y al cabo uno se crece con los desafíos.

# SEGUNDA PARTE

**4**

# LA IMAGINACIÓN AL PODER

## Una buena idea: llevar un diario

El que nos decidamos a reflejar las impresiones más personales en un diario constituirá una buena herramienta para nuestro trabajo de escritor, sobre todo cuando estemos perfilando la obra que pensamos llevar a cabo.

Es necesario escribir diariamente, aunque sólo sea durante unos minutos. Esta especie de «confesión» ha de hacerse deprisa, sin pensar mucho en el estilo que se adopte, en la calidad artística de lo que se escriba o en cualquier otro concepto que pueda constituir una cortapisa para la labor.

Durante ese rato que se dedica al diario se reflejarán en él las impresiones más íntimas surgidas a lo largo del día. Se puede también hacer referencia a cualquier tema que nos haya llamado la atención durante esa jornada; o, en todo caso, puede ser acertado escribir lo que venga a la mente en ese preciso momento.

Como, en principio, esas líneas sólo van a tener una lectura personal es aconsejable manifestarse en ellas con toda sinceridad, sin preocuparse demasiado, como decimos, por la perfección estilística de lo que se escriba.

*La valentía, la espontaneidad y la sinceridad son condiciones indispensables en el diario íntimo de un escritor.*

E insistamos en que el mismo término, «diario», implica un apunte que debe hacerse jornada tras jornada, día a día. Esa cotidianidad es una condición casi indispensable para todo escritor.

Y, por supuesto, sería una buena idea llevar en el bolsillo un pequeño bloc de notas en el que apuntemos esa impresión, ese pensamiento instantáneo, tal vez irrepetible, que nos pueda llegar en cualquier momento del día y que puede resultar iluminador y estimulante. Esos *flashes* que surgen muchas veces de nuestra mente menos consciente y que pueden constituir la esencia de la observación.

## Más razones para llevar un diario

El ejercicio de esas líneas escritas «desde el corazón» será muy útil cuando iniciemos la realización de una obra, porque es muy probable que ellas nos faciliten la puerta de entrada a lo que vamos a escribir.

Son muchos los autores famosos que han escrito diarios, encontrando en ellos una fuente de inspiración. Valga como ejemplo la afirmación de un escritor de la talla de Henry James, quien consideraba su diario como un elemento fundamental a la hora de inspirarse en lo que estaba escribiendo.

El diario permite que en él se vuelquen ideas, ensoñaciones, proyectos e intuiciones que, como hemos dicho, posiblemente no surjan en otro momento del día. Virginia Woolf afirmaba que su famosa novela *Las olas* había tenido su germen en esos momentos de intimidad con su diario.

Así pues, el diario puede constituir:

• Una fuente de inspiración.
• Un elemento de control del trabajo que se realiza.
• Una herramienta para el estímulo.

En sustitución del diario puede utilizarse también un simple cuaderno en el que se hagan las anotaciones que surjan en cualquier momento, las impresiones y percepciones que se producen de forma no premeditada y que pueden constituir puntos de apoyo, «ilustraciones» súbitas para nuestra escritura.

Ionesco, el gran dramaturgo, aseguraba en su diario que él dejaba que los personajes y los símbolos surgieran en su inconsciente como si estuviera entregado a un sueño.

Por su parte Henry James afirmaba que el escritor debe llevar siempre consigo —incluso tenerlo bajo la almohada— un cuaderno en el que apunte de forma muy sintética sus impresiones más íntimas.

Y para concluir estos comentarios de famosos escritores que recomiendan llevar un diario, incluyamos lo que el poeta estadounidense Allen Ginsberg, creador de la «beat generation», ponía en el suyo copiando unas célebres frases escritas por Kafka en 1912: «Mantén vivo tu diario. Escribe regularmente. ¡No te rindas!».

 *El diario personal que lleve el escritor puede representar una de las mejores herramientas para su labor creadora.*

Así pues, en cualquier momento del día, o de la noche, cuando surja un relámpago de inspiración, ese cuaderno será nuestro confidente. Es por ello que su contenido no debiera mostrarse a nadie, a menos que se produzcan circunstancias muy especiales que lo justifiquen

## El interés de los sueños

Por cuanto hemos dicho debe tenerse muy en cuenta que los sueños representan también una magnífica fuente de información. Ellos, al igual que los recuerdos e imágenes conscientes que se nos han quedado grabadas en la memoria, constituyen un elemento muy valioso para nuestra obra.

Al igual que otros muchos escritores también nosotros estamos convencidos de que los sueños pueden hallarse en el origen de la creatividad, porque en el fondo constituyen expresiones de aquellas experiencias agazapadas que precisamente tratan de convertirse en realidades.

El escritor americano Norman Mailer, autor de obras tan famosas como *Los desnudos y los muertos* o *Marilyn*, afirmaba que era sumamente importante la relación que existe entre el escritor y su inconsciente.

Virginia Woolf, al referirse a su ya mencionada novela *Las olas,* decía que había percibido la trama de esa obra como una «visión», como algo que flotaba en la inmensidad de las aguas que, en cierta ocasión, contempló desde la ventana de su casa. Uno y otra resaltaban el papel que la ensoñación, el subconsciente, los sueños y ensueños desempeñan en la obra del escritor.

### Un buen número de novelas famosas fueron inspiradas por sueños.

Autores de la talla de Stevenson, Mary Shelley o Coleridge afirmaban también que las ensoñaciones nocturnas habían sido para ellos profundamente creativas, porque los símbolos que habían visto en esos momentos del sueño profundo jamás los hubieran tenido en la vigilia.

Ionesco contaba que cuando por las mañanas se ponía a escribir dejaba que los personajes y los símbolos emergieran de su mente como si estuviera soñando, y que siempre utilizaba como materiales disponibles los restos del sueño que había tenido la noche anterior. Y como justificación a esa postura hacía esta afirmación tan sorprendente —en apariencia—: «Los sueños son una realidad en el plano más profundo. Y lo que uno pueda inventar es también verdadero, porque la invención, por su propia naturaleza, no puede ser mentira».

De todos modos no está de más aconsejar que no se debe abusar de la importancia ni de la ayuda que puedan representar los sueños para nosotros. Como dijo un crítico con cierto sentido del humor: «Con un sueño por novela, basta». Su reiteración restaría fuerza al efecto que se pretende conseguir.

También es interesante leer los diarios íntimos de escritores reconocidos, porque es muy posible que constituyan una buena fuente de inspiración. No en balde existe ese inconsciente colectivo presente en todos los humanos que está actuando perennemente.

### Permítase que los sueños desempeñen su papel en el trabajo del escritor.

Para concluir este apartado digamos que es bueno que tengamos presente que el mundo de lo aparentemente irreal constituye una magnífica plataforma para recrear y dar sentido a lo que solemos considerar «mundo real».

## La originalidad en la escritura

Es una pretensión comprensible que el escritor quiera ser original, único, diferente, y que ponga todo su empeño —a veces de forma exagerada— en conseguirlo

En el ámbito de la creación literaria es frecuente que se caiga en la tentación de lo que se ha venido en llamar «adanismo»: es decir, no aceptar el reconocimiento de influencias ni antecedentes. En el próximo capítulo nos extenderemos algo más sobre el papel que tienen las influencias en el escritor; aquí solamente vamos a hacer un breve apunte sobre el tema de la originalidad.

Como escritores hemos de reconocer que nuestra obra —pertenezca al género literario que sea— forma parte y se sitúa como un eslabón más en esa larga cadena de la tradición literaria. Críticos de renombre (Highet) han resaltado la existencia de una tradición que, sin interrupciones, llega desde los clásicos de los primeros tiempos hasta escritores tan actuales como Joyce.

 *A la hora de pensar en la originalidad de nuestra obra no olvidemos que todo escritor es un eslabón más de una larga cadena de creadores.*

En nuestros días la búsqueda de la originalidad puede llegar a extremos un tanto grotescos. Intentar ser originales a toda costa quizá nos obligue a escribir una obra fallida.

En todas las épocas el escritor creativo ha realizado sus obras de acuerdo con su experiencia vital y su capacidad de imaginación, por supuesto, pero sin dejar de lado tampoco su caudal de lecturas.

No estará de más que encaucemos convenientemente nuestro deseo de originalidad. El adanismo puede constituir un serio peligro.

## Dejar campo libre a la imaginación

El hecho de que debamos planificar desde las primeras páginas de nuestra obra —es posible que incluso desde mucho antes— su inicio, desarrollo y desenlace, no debe impedir que a lo largo de su realización nos dejemos llevar por un elemento básico que debe estar presente en toda obra literaria: la imaginación-ensoñación.

Incluso en aquellas novelas consideradas «objetivas», en las que los sentimientos personales del autor pretenden mantenerse en todo momento al margen de la trama, el papel desempeñado por la imaginación (en la que se puede englobar perfectamente el universo de ensoñaciones) es determinante.

 *Toda obra literaria requiere una significativa dosis de imaginación-ensoñación.*

Aunque esta afirmación pueda resultar obvia para la mayoría de los lectores de este libro, no está de más insistir en que el componente imaginativo-ensoñador ha de estar muy presente en toda obra literaria, incluso en aquellas novelas que pretendan atenerse a los principios de un realismo, o de una objetividad, a ultranza.

Hemos dicho ya que si bien es necesario cultivar la parte analítica del escritor mediante el estudio de cierto número de técnicas, ello no deberá impedir las ensoñaciones que aquél pueda plasmar en su obra.

John Fowles, el conocido escritor británico, autor de obras como *El coleccionista* o *La mujer del teniente francés*, (ambas llevadas a la pantalla con notable éxito) confesaba que el novelista descubre su auténtica inclinación artística «estableciendo hipótesis, inventando, soñando».

## Saber transformar el material autobiográfico

Una de las habilidades que debe tener todo escritor es la de llevar los hechos reales —sus propias vivencias— al plano de la ficción, o de una semificción, recreándolos y dotándolos de una nueva visión.

Para lograr esa adecuada transformación es necesario que sepamos filtrar y seleccionar el material de que disponemos, elaborándolo de forma que adquiera una dimensión diferente. Es así como conseguimos que lo real se convierta en un material nuevo, de forma que llegue a tener un mayor impacto en el lector.

 *Un aconsejable ejercicio creativo: dotar las experiencias personales de una proyección de mayor trascendencia.*

La ventaja que se le ofrece al escritor cuando se refiere a sus propias experiencias es el conocimiento pleno que tiene de ellas, y la fuerza —además de la credibilidad— con que puede dotarlas.

Este trabajo de elaboración ha de realizarse con mucha atención, para no limitar el conocimiento que tenemos de ciertos hechos al relato de anécdotas de tipo personal que —en el mejor de los casos— pueden constituir un elemento de diversión para el lector, pero que se quedan tan sólo en eso.

Lo que se ha de buscar con ayuda del material autobiográfico es la proyección que los acontecimientos personales pueden llegar a tener en el lector. El escritor debe saber combinar sus propias experiencias con otros hechos reales, vividos personalmente o conocidos a través de los medios de comunicación, de otras personas, etc., para lograr de este modo una fusión convincente con todo el conjunto.

## Los fantasmas del escritor

Resulta un hecho irrefutable que las pesadillas —tanto en el sueño como en la vigilia—, los temores, ensoñaciones, esperanzas, ilusiones y neurosis que pueblan, y a veces persiguen tenazmente, la vida del ser humano se hacen más candentes y rigurosas en el escritor. En el fondo, podríamos decir que constituyen el caldo de cultivo de sus obras.

Con la sabiduría y la honestidad que caracteriza su producción literaria, Ernesto Sabato hace referencia a ese magma mental en *El escritor y sus fantasmas*. En este ensayo el autor expone sus ideas acerca de la escritura de ficción y su finalidad, y también aborda cuestiones de carácter filosófico centrándose en el aspecto subjetivo de la condición humana.

Pero no es a esa obra a la que vamos a referirnos sino a este párrafo magistral que incluye en una de sus últimas obras, *Antes del fin*, en el que pone al descubierto parte de sus fantasmas: «Vengo acumulando muchas dudas, tristes dudas, sobre el contenido de esta especie de testamento que tantas veces me han inducido a publicar; he decidido finalmente hacerlo. Me dicen "Tiene el deber de terminarlo, la gente joven está desesperanzada, ansiosa y cree en usted; no puede defraudarlos". Me pregunto si merezco esa confianza, tengo grandes defectos que ellos no conocen, trato de expresarlo de la manera más delicada, para no herirlos a ellos, que necesitan tener fe en algunas personas, en medio de este caos, no sólo en este país sino en el mundo entero. Y la manera más delicada es decirles, como a menudo he escrito, que no esperen encontrar en este libro mis verdades más atroces; únicamente las encontrarán en mis ficciones, en esos bailes siniestros de enmascarados que, por eso, dicen o revelan verdades que no se animarían a confesar a cara descubierta…».

He aquí, pues, una manifestación que no puede ser más honesta y clarificadora de lo que se suele entender por los fantasmas del escritor.

Como resumen, apuntemos:

## Lo que SÍ conviene hacer:

- ✓ Reflejar en nuestro diario aquellas impresiones íntimas que más nos hayan impresionado durante el día.
- ✓ Permitir que se establezca una buena relación entre nuestro plano consciente y el inconsciente.
- ✓ Leer con atención los diarios de escritores reconocidos.
- ✓ No dejarse tentar por afanes de una originalidad desproporcionada.

✓ Descubrir las inclinaciones artísticas propias inventando hipótesis y generando sueños.

Y

## Lo que NO conviene hacer:

✗ Preocuparse en exceso por la perfección estilística de lo que se escriba.
✗ Impedir el flujo de la imaginación mientras se escribe.
✗ Rechazar la lectura de otras obras para que no interfieran en la originalidad de las propias.

---

## Ejercicio

Una vez que haya decidido usted escribir su propio diario compruebe si las anotaciones que ha hecho en él han sido realizadas de forma espontánea o son producto de una elaboración literaria. Trate de evitar ésta última.

---

## Conclusión

Así pues, al escritor creativo le convendrá:

▶ Llevar un diario.
▶ Enriquecerse con sus sueños.
▶ Permitir que emerja el inconsciente.
▶ Dejar campo libre a la ensoñación.

## Nota a pie de página

¿Ha pensado alguna vez en aprovecharse de sus sueños —incluso de aquellos aparentemente más disparatados— para dar comienzo a su novela? No se olvide de Kafka, ni de otros grandes escritores que escribieron sus mejores obras influidos por la riqueza de su mundo onírico. Seguramente también habrán surgido imágenes en los sueños que haya tenido que podrán servirle de ayuda y de acicate en su labor creativa. Tenga presente que el mundo de la imaginación se halla fuertemente vinculado al inconsciente.

# 5

# EL LENGUAJE LITERARIO

## Escoger el lenguaje adecuado

¿Qué lenguaje ha de ser el más apropiado para la obra literaria?

Ya hemos dicho que si bien el escritor necesita cultivar su lado analítico estudiando distintas técnicas, el pensar demasiado o someterse en exceso a ellas puede producir un efecto negativo; es decir, que semejante sujeción acaba inhibiendo la capacidad creativa. Por ello, y sobre todo:

 **Ha de buscarse siempre un lenguaje que sea lo más personal y sencillo posible.**

La mejor manera de establecer una conveniente conexión con el lector es evitar frases largas y complicadas o una terminología rebuscada (aunque eso pueda parecer que proporciona un aire más serio, más literario a la obra. Un error bastante frecuente en los escritores noveles).

La palabra no es un mero sonido, más o menos grato y armonioso, sino que tiene que significar algo. Más concretamente podemos decir que *la palabra es significado*. Por consiguiente el estilo y la forma literaria que utilice el escritor debe ser «la expresión de su actitud ante el mundo y ante la vida, con independencia de que sea más o menos feliz, estéticamente hablando», como afirma con muy buen criterio el estudioso del tema Andrés Amorós.

Leer, leer mucho, es uno de los mejores medios no sólo para inspirarse sino también para seleccionar la forma adecuada gracias a la cual el autor llegará a conectar con el lector.

Es necesario —casi imprescindible— que, como decimos, el escritor lea y no simplemente, y de vez en cuando, por mero placer sino de forma constante para descubrir y fortalecer la técnica que ha de emplear después en su obra. La lectura estudiosa de las obras de los grandes autores, tanto clásicos como modernos, sin duda facilitará la creación de la propia forma de expresión. Porque, además:

 **_Todo escritor ha de tener en cuenta que la forma posee un valor en sí misma._**

Esto no quiere decir que por tal razón sea necesario adoptar actitudes formales exageradas, como la expresada por Oscar Wilde en su famosa frase: «La estética es superior a la ética». Una afirmación que, en el fondo, no pasa de ser una brillante ocurrencia.

Indiscutiblemente, para el escritor, para el artista, la labor creadora «es su tarea, su moral, su religión, su política y su justificación ética», como se ha dicho en alguna parte y de modo muy acertado. Por eso, la forma que escojamos para expresarnos es capital en nuestro trabajo de escritores.

## Encontrar el ritmo

Uno de los elementos que atrapa en mayor medida al lector es el ritmo que posee la obra que está leyendo. Es algo muy parecido a lo que sucede cuando vemos una película. Pero si bien es importante que desde las primeras páginas —como desde las primeras escenas del film— el lector o el espectador se sienta atrapado, es necesario que ese ritmo no decaiga a lo largo de la obra.

Entre los elementos que pueden entorpecer ese ritmo literario se encuentran en primer lugar las descripciones largas, porque éstas ahogarán el pulso del relato. Una vez más conviene repetir que la simplicidad favorece el ritmo. *Deben evitarse por tanto las frases extensas y demasiado elaboradas.*

La simplicidad y el ritmo se pueden conseguir:

• Escribiendo frases cortas.
• Evitando la voz pasiva
• Utilizando verbos y sustantivos muy concretos.

Evidentemente estos tres puntos no son los únicos que van a mantener el ritmo necesario. Es igualmente importante dotar a cada escena y a cada capítulo de un objetivo preciso, sin que se desdibuje la línea central del relato.

Y aunque a lo largo de la obra surjan subtramas, posibles enredos y complicaciones de la misma, conviene que no se pierda nunca de vista el final que se tiene pensado para la obra. Un final que debiera estar previsto, en líneas generales, desde el momento en que la hemos comenzado.

## Un ejercicio de ritmo literario

Leamos en alto el siguiente párrafo perteneciente a un relato breve de la magnífica escritora belga Marguerite Yourcenar (*Patroclo o el destino*): «Una noche o, más bien, un día impreciso caía sobre el llano: no hubiera podido decirse en qué dirección iba el crepúsculo. Las torres parecían rocas al pie de las montañas que parecían torres. Casandra aullaba sobre las murallas, dedicada al horrible trabajo de dar a luz al porvenir. La sangre se pegaba, como si fuera colorete, a las mejillas irreconocibles de los cadáveres. Helena pintaba su boca de vampiro con una barra de labios que recordaba a la sangre».

Dejemos por un momento de lado la riqueza metafórica y poética del texto y ciñámonos exclusivamente a su ritmo. Leámoslo de nuevo en voz alta. Sintamos su peso, su movimiento. Leámoslo colocando suavemente la mano curvada sobre la laringe, para sentir la vibración de la voz. Observemos esta sensación, experimentada sin duda por primera vez, y comprobemos el efecto que el ritmo de esa lectura tiene sobre nuestro propio cuerpo.

*La obra literaria —ya sea novela, ensayo o poesía— debe tener alma, además de tener cuerpo.*

Es por ello por lo que el escritor debe saber de qué manera llegan sus palabras al lector. A medida que éste se vaya internando en la lectura, su cuerpo también irá vibrando de acuerdo con lo que lea. Las palabras se tornan más reales, más sensuales y poderosas. Y es ahí en donde nace el verdadero placer de la lectura. Incluso cuando se lee en silencio, se produce siempre en la mente un eco del sonido físico que provocan las palabras al ser leídas. Eso es lo que sugiere la lectura de una obra que tenga un buen ritmo.

## Tomar referencias, no descartar influencias

Acabamos de comentar la importancia que tiene para el escritor la lectura de las obras de otros autores, porque de ellos se pueden extraer datos muy necesarios para la realización de la propia.

Insistiendo en este punto diremos que son muchos los escritores que se refieren a las lecturas realizadas afirmando que han representado para ellos la mejor fuente de su inspiración. Porque es un hecho que en la lectura intensa y admiradora de otros escritores se encontrarán pautas, incluso técnicas, que posteriormente pueden sernos de gran utilidad.

Un autor tan reconocido como el estadounidense John Gardner (1933-1982) afirmaba que la forma literaria que uno adopte a la hora de ponerse a escribir no es más que la expresión, o la consecuencia, de lo que haya podido aprender leyendo a otros. La neoyorquina C. Ozick, autora que expresa una profunda densidad de conceptos en sus obras, aseguraba que leía para «descubrir lo que ya sabía: aclarar los enigmas», afirmación que no deja de ser muy significativa.

*La lectura de otras obras puede aclarar al escritor muchas dudas sobre su trabajo.*

Un gran número de escritores actuales han mostrado la influencia de autores precedentes. En el caso de Graham Greene, el famoso autor británico de obras tan conocidas como *El poder y la gloria, El tercer hombre* o *El factor humano*, se puede advertir fácilmente la huella de Robert Louis Stevenson. James Elroy le debe mucho a Raymond Chandler, y podríamos afirmar que la obra de este escritor, maestro indiscutible de la novela negra, también se ve notablemente influenciada por autores —en este caso, tan lejanos en el tiempo— como el medieval Thomas Malory.

Conviene, pues, tener presente que leer, leer, leer —como ya se ha dicho, y como insistía un conocido escritor— constituye una magnífica herramienta a la hora de ponerse a escribir. Virginia Woolf no dudaba en afirmar que ser lector es el único camino para llegar a ser escritor.

Y aunque el término «influencia» literaria pueda resultar, en principio, un tanto ingrato (el mismo Cortázar manifestaba, muy duramente, que era «palabra aborrecible y profesoral de la que se cuelgan desesperadamente los que no encuentran las verdaderas llaves del genio»), se puede hablar —y el citado autor no tenía inconveniente en hacerlo— de participación profunda, de «hermandad en el plano esencial», con el gremio selecto de otros autores reconocidos.

## Las influencias perniciosas

En el capítulo 3 hablábamos de que el escritor ha de sentirse libre a la hora de escribir, sin doblegar su capacidad creadora ante el discutible agrado de hipotéticos lectores. Si cayéramos en tal error arriesgaríamos muy posiblemente la validez de nuestra obra.

Hemos de proteger ante todo esa parte interna nuestra que queremos expresar. Y aunque la conexión entre autor y lector —como diremos más de una vez a lo largo de estas páginas— debe ser una aspiración fundamental para todo escritor, no podemos olvidar que *la obra escrita ha de estar conectada primero con su autor y después con todo y con todos los demás.*

Es evidente que la escritura es una forma muy directa de comunicación. Pero esa comunicación tiene su origen en el nivel más íntimo del escritor, «y la esencia de tal comunicación se halla en lo que el escritor comunica al mundo», como bien afirma la escritora americana Julia Cameron.

 **La conexión más importante que ha de tener todo autor es la vinculación con su yo más íntimo.**

Cuando el entorno del escritor logra romper de manera inadecuada esa conexión necesaria, se crea una brecha muy difícil de superar. Es posible que la mente del escritor siga siendo capaz de escribir —y que hasta pueda hacerlo con mucha habilidad, aunque siempre a la defensiva—, pero el espíritu de lo que escriba se habrá perdido.

La conexión y la resonancia que pueda tener la obra del escritor en sus lectores tiene que estar arraigada en lo más íntimo de aquél. Y eso no llegará a producirse si nos vemos afectados por las influencias externas. A menos que dichas influencias sean benévolas. Es decir, aquellas influencias que animen al escritor a crecer y a no desvincularse de su interioridad creadora.

## Algo más sobre las influencias

Como ya se ha dicho, una de las tareas —por no llamarlas obligaciones— fundamentales de todo escritor es leer. Y al hacerlo surgirán inevitablemente las simpatías por unos autores y el distanciamientos hacia otros.

Pero ¿acaso se puede evitar el impacto causado por la lectura de aquellas obras que más nos hayan impresionado? ¿Podrá borrar nuestra mente inconsciente —o la plenamente consciente— aquel estilo, aquella atmósfera, aquel ritmo creado en sus obras por nuestros autores preferidos? No es fácil. Y añadamos que tampoco hay que temer semejante influjo.

¿Es conveniente inquietarse por haber sido «influidos» por las mentes más privilegiadas, por los estilos más cuidados, por las descripciones más acertadas de los clásicos o de los modernos? Muy posiblemente el efecto producido por ciertos autores puede calarnos hasta los huesos. Pero no nos sintamos agobiados —ni avergonzados— por su influencia.

La escritora británica Iris Murdoch, poseedora de un indiscutible don para el trazado de caracteres, afirmaba que ciertos autores la habían marcado indeleblemente, hasta el punto de que no podía, por ejemplo, escribir una novela mientras leía a Henry James. Decía que el estilo de ese autor se le había «contagiado como el sarampión». Y su caso no es, ni mucho menos, único. Los grandes estilistas pueden resultar muy contagiosos (especialmente en los escritores que están empezando su carrera literaria).

Siguiendo con la lista de escritores que han tenido posibles, o seguras, influencias se afirma con mucho peso que Virgilio escribió *La Eneida* marcado por las obras de Homero. Milton en su «Paraíso perdido» no descartó lo que había leído en autores griegos y latinos. James Joyce tiene muy presente *La odisea* cuanto escribe su grandioso *Ulises*. El reciente premio Nobel, J. M. Coetzee, reescribe la auténtica historia de Robinson Crusoe en su novela *Foe*. Y por poner un ejemplo muy cercano, ¿acaso no manifestaba Camilo José Cela, sin el menor escrúpulo —y con muy buen sentido—, cuánto le debía a Dostoievski?

Sin embargo todo eso no debe impedirnos leer; incluso debe incitarnos a leer más. Pero tengamos muy presente que la lectura que realicemos de esos maestros deberá ser una lectura muy atenta, en la que convendrá tener presentes estos puntos:

- Importancia que da el autor al diálogo.
- Estudio del desarrollo de la línea argumental.
- Análisis de la psicología de los personajes.
- Estudio de la coherencia que puedan tener las distintas secuencias.

Así pues —repitámoslo una vez más— no hay que temer en exceso al fantasma de la influencia que pudiera tener sobre lo que estamos escribiendo la lectura de las obras de famosos autores, siempre que sepamos digerir y reelaborar esas influencias.

Como resumen de lo que se ha dicho, veamos:

Lo que SÍ conviene hacer:

✓ Evitar en lo posible una terminología rebuscada o plagada de frases largas y complicadas.

✓ Leer a los autores consagrados resulta casi imprescindible para el escritor. En esas lecturas descubriremos modos de fortalecer y de enriquecer nuestra técnica.

✓ Tratar de conocer cómo las palabras de nuestra obra, su ritmo, su cadencia, hacen vibrar al lector.

✓ Comprobar con frecuencia la sencillez de lo que hemos escrito

Y

Lo que NO conviene hacer:

✗ Creer que un lenguaje ampuloso y académico enriquecerá la obra.

✗ Temer exageradamente la influencia que haya podido ejercer la lectura de obras famosas.

✗ Perder de vista, por culpa de subtramas y complicaciones del argumento, el final que se había previsto para la obra.

✗ Dejarse influir por gratificaciones y posibles concesiones al lector.

## Ejercicio

Tomemos nota en nuestro diario del impacto que ha tenido en nosotros la lectura de determinadas obras literarias, tanto clásicas como actuales. Precisemos que escenas o frases nos han calado más profundamente.

Releamos aquella novela que tanto nos impresionó y tomemos nota de los detalles a los que el autor concede mayor importancia.

## Conclusión

Por consiguiente en toda obra literaria creativa se deberá:

▶ Buscar el ritmo adecuado.
▶ Escoger siempre un lenguajes sencillo.
▶ Estudiar las referencias.
▶ No amilanarse por posibles influencias.

## Nota a pie de página

Tratar de conseguir una gran originalidad en la obra que estemos escribiendo no es una aspiración en modo alguno despreciable, pero bien podemos conformarnos con escribir una obra digna. No nos olvidemos que las grandes aspiraciones estilísticas consiguen, en muchos casos, coartar e incluso destruir una obra que, con menores pretensiones, hubiera podido ser muy aceptable. Dejemos de preocuparnos por aquello de que «todo ya está escrito».

# 6

# LOS ALEDAÑOS DE LA ESCRITURA

## La importancia de la documentación

Resulta evidente que para realizar nuestra obra literaria, ya se trate de novela, ensayo u obra teatral (la poesía requiere materiales muy distintos) necesitamos una oportuna y convincente documentación. Ésta es la herramienta que dará credibilidad a nuestro trabajo y —sobre todo en el caso de la obra de ficción— permitirá la necesaria vinculación entre lo que es real y lo que es ficticio.

Sin embargo, pese a la necesidad que tenemos de esa documentación es importante que sepamos trabajar con ella y la dosifiquemos convenientemente a fin de que no resulte exagerada ni forzada. Muchas veces utilizaremos tan sólo una pequeña parte del material disponible —la que juzgamos más importante—, incluso en aquellos casos en los que consideramos que hemos conseguido una documentación verdaderamente atractiva y, posiblemente, original y novedosa.

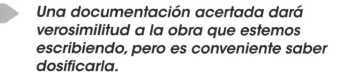

**Una documentación acertada dará verosimilitud a la obra que estemos escribiendo, pero es conveniente saber dosificarla.**

En el caso de que estemos escribiendo una novela podemos optar por dos fórmulas a la hora de utilizar esa documentación: bien recreando los elementos del material que poseamos entremezclando, por ejemplo, pasado y presente, o actualizando los datos recogidos e insertándolos en la trama de la obra que se está escribiendo. El autor de estas páginas, por ejemplo, optó por esta segunda fórmula en una de sus novelas de corte histórico.

Hemos de advertir, no obstante, que si bien y gracias a la documentación es posible conocer detalles concretos de la intimidad de los personajes que estemos tratando, no nos va a resultar muy sencillo captar plenamente sus sentimientos y actitudes personales. Naturalmente, no podemos hacerlos partícipes de los sentimientos que nosotros mismos tendríamos si viviéramos su situación.

 *Por mucha documentación que posea el autor sobre un determinado personaje, ha de tener presente que nunca le resultará tarea fácil saber captar sus sentimientos.*

Digamos también que es muy difícil encontrar en los libros normas o reglas sociales que pudieran marcar la psicología de los personajes que estamos trazando. Y esto se hace tema todavía más delicado si lo que escribimos es un ensayo sobre cierta figura famosa, o estamos realizando una biografía.

Si nos proponemos hacer una obra de corte histórico —ya sea novela o biografía— es evidente que la documentación va a constituir una ayuda fundamental. Pero insistamos en que por mucha documentación que hayamos recopilado (un conocido autor actual de novelas históricas afirmaba, un tanto ostentosamente, que se «había gastado una auténtica fortuna en la documentación de su última obra»), será fundamental saber integrar todo ese material en la obra que estemos escribiendo, si no queremos convertirla en un tratado de historia.

La documentación histórica posee idéntica importancia que la que tienen los antecedentes con los que dotamos a los personajes de cualquier novela. Está claro que hemos de poseer un buen conocimiento de la época en que se desarrolla la historia narrada, si no queremos hacer que nuestros personajes resulten poco creíbles. Pero nuestro trabajo consistirá en dotarlos de una presencia, de una «carnalidad» que se adecue a la trama de la obra que estamos escribiendo.

Como resumen de todo lo dicho en este apartado recordemos lo que decía Hemingway: «Un escritor que omite cosas porque las desconoce solamente crea huecos en su obra».

## El componente psicológico

Como hemos dicho unas líneas más arriba, saber analizar y expresar las características psicológicas que posean los personajes de la obra requerirá sin duda un considerable esfuerzo, pero será de vital importancia a la hora de darles una mayor verosimilitud.

Por supuesto que no es necesario —obvio es decirlo— haber estudiado psicología para ser un buen escritor. Tengamos, sin embargo, muy presente lo que decía Ernesto Sabato sobre este punto: «¿Pero es que hay novelas que no sean psicológicas? No hay novelas de mesas, eucaliptos o caballos; porque hasta cuando parecen ocuparse de un animal, es una manera de hablar del hombre. Y como todo hombre no puede dejar de ser un elemento psíquico, la novela tampoco puede dejar de ser psicológica. Es indiferente que el acento esté colocado en lo social, en el paisaje o en las costumbres: en ningún caso pueden dejar de ocuparse, de una manera o de otra, de la psique. So pena de dejar de ser humanas».

Los protagonistas de toda obra literaria —ya sea novela o biografía— son individuos de carne y hueso, son «elementos psíquicos» como dice Sabato. ¿Cómo no incidir —y hasta resaltar— en su componente psicológico?

 *Los personajes de una obra literaria son seres humanos. Por consiguiente poseen sus propias características psicológicas.*

Está claro, pues, que el saber dotar a los personajes de la obra que se está escribiendo de una acertada psicología es fundamental. Incluso en las novelas en que se pretende mantener una total objetividad, como pueden ser las obras de Dashiell Hammett o de Raymond Chandler —pertenecientes ambas al género policiaco y, por consiguiente, menos proclives a la interiorización profunda—, sus personajes mantienen una «tipología» muy definida.

No hay que tener muy en cuenta, por consiguiente, la opinión de aquellos críticos que afirman que en la literatura de hoy día está superado ese análisis psicológico de los personajes. Porque, como acabamos de citar, hasta en obras que presumen de ofrecer un estilo aparentemente muy «objetivo» —y es casi imposible que una novela pueda ser por completo objetiva— se pueden observar sin dificultad rasgos claramente psicológicos.

De todos modos no hay que exagerar ese componente psicológico de los personajes. Podemos aprovechar una de sus reflexiones o un momento de interiorización para establecer un puente entre distintas escenas, aunque no sea conveniente extenderse demasiado en ello. (A menos que se pretenda escribir una novela de corte exclusivamente «psicológico», en cuyo caso mejor sería buscar otro tipo de obra, como el ensayo, por ejemplo.)

**No es conveniente recargar una obra con demasiados monólogos internos de los personajes.**

Lo más acertado es saber establecer una adecuada proporción entre el mundo interior de los personajes y las acciones que llevan a cabo. Y, si es posible, crear un puente entre ambos planos.

## Recrear un texto

Ya hemos comentado que es comprensible que el escritor —usted, o yo mismo, como escritor— quiera manifestar una buena dosis de originalidad en la obra que está escribiendo. Sin embargo, alguien afirmó hace tiempo —y no sin ironía— que todo está ya escrito, queriendo significar con esa frase rotunda que encontrar la originalidad del estilo propio es una tarea muy ardua. Es por ello que cierto grado de humildad a la hora de emprender nuestra nueva obra no nos vendrá mal.

Un adecuado ejercicio para tranquilizar esas ansias de originalidad es escoger el fragmento de un texto de un escritor por el que se sienta gran admiración —pueden ser simplemente un par de párrafos— y, respetando la sintaxis, modificar las palabras. Esforcémonos en mantener en nuestra composición el mismo ritmo que tiene el párrafo seleccionado, incluso su misma extensión silábica, si es posible.

Tomemos, por ejemplo, este fragmento de *Las olas* de Virginia Woolf y hagamos el ejercicio sugerido: «La luz incidió en los árboles del jardín, y dio transparencia a una hoja. Y luego a otra. Un pájaro gorjeó alto. Hubo una pausa. Otro pájaro gorjeó más bajo. El sol dio relieve a los muros de la casa y se posó como la punta de un abanico cerrado en una blanca persiana...».

Ahora escribamos nuestro propio párrafo: «El mar refulgió en el costado del barco, y dio alegría a una ola. Y después a otra. Un alcatraz volteó tenso. Alzó el pico. Otro alcatraz voló más alto. El sol fue diáfano a los ojos de la mujer y se volvió como el ascua de un fragmento ardiente de una roja mandorla...».

Hemos mantenido el mismo ritmo y hasta un número aproximado de sílabas del texto anterior. ¿Ha habido originalidad en nuestro texto? Sea cual fuere su originalidad, el valor de lo que se ha creado puede constituir un ejercicio muy estimable.

Como dijimos en otra parte, sugestionarse por ser un escritor original no es lo más adecuado a la hora de ponerse a trabajar. Creemos que, a tal efecto, pueden ser de ayuda las siguientes sugerencias:

- Permitir que surja un texto, una idea, de forma espontánea en la mente.
- Tomar nota de las razones que nos atraen de ese texto.
- Comprobar las conexiones que ese texto pueda tener con obras que se hayan leído.

Insistimos en que el hecho de que los grandes autores, clásicos y modernos, puedan influir en la obra que se está escribiendo no debe constituir un hándicap ni una frustración para el escritor. Y, mucho menos, debe ser un impedimento para que se sigan leyendo. Como ya se ha dicho son muchos los escritores famosos que leen y releen a otros autores. Aprender de ellos no tiene por qué mermar la originalidad de lo que se escriba.

## El escritor comprometido

Nos hemos referido ya a la necesaria vinculación —nos atreveríamos a calificar de conexión imprescindible— que ha de existir entre el autor y el lector. Tal vinculación conlleva indiscutiblemente un compromiso.

Un crítico literario de la categoría de Serge Doubrovski mencionaba «el compromiso profundo que constituye todo acto de escribir», concediendo con tales palabras una gran importancia a esa obligación contraída.

Este compromiso no tiene por qué ser de orden político, social o religioso. El compromiso que tiene todo escritor es consigo mismo, en primer lugar, e inmediatamente después con sus lectores, como ya se ha dicho.

Poco después de serle concedido el premio Nobel de Literatura en 1966, el escritor judío Samuel Yosef Agnon (seudónimo de Samuel Yosef Tschatsky) afirmaba: «El esfuerzo de Flaubert por alcanzar una prosa que se sostenga por sí misma me parecía el ideal hacia el cual debemos tender todos… Más aun: no escribo más que para mí mismo».

Pero ya hemos dicho que cuando se escribe para uno mismo, en el fondo se está escribiendo para los demás.

 **El escritor debe seguir siempre «su propia estrella» a la hora de crear su obra.**

La creación literaria posee sus propias leyes. El verdadero creador siente vivamente una necesidad: la de escribir con autenticidad personal, sin preocuparse —poco o mucho— de lo que puedan opinar los críticos y, *por supuesto, sin tener en cuenta las modas.*

Recordemos a este respecto lo que dice el protagonista en la original novela *Orlando* de Virginia Woolf: «Al fin, poniéndose de pie (era invierno y hacía mucho frío), Orlando hizo uno de los juramentos más importantes de su vida, porque lo ató a la más severa de todas las servidumbres. "Que me abrasen —dijo—, si escribo una palabra más, o trato de escribir una palabra más, para agradar a Nick Greene, o a la Musa. Malo, bueno o mediano, escribiré de hoy en adelante lo que me gusta"».

Pocas veces un escritor —y estamos hablando de una autora muy famosa— se ha expresado con tanta sinceridad, poniendo en boca del personaje su punto de vista más íntimo.

## El escritor honesto

No, no se asuste lector de estas páginas, no vamos a dedicarnos ahora a establecer los códigos de moralidad que debe manifestar todo escritor. Ése podría ser tema para otro libro, aunque hagamos sobre ello algún apunte en el capítulo final de este libro. De lo que vamos a tratar en este apartado es de algo mucho más sencillo, aunque de suma importancia para usted como autor.

La obra de todo escritor está relacionada con un cierto tipo de —vamos a llamarla así— «honestidad creadora». ¿En qué consiste esta clase de honestidad? Intentaremos hacer un bosquejo.

El acto de escribir pone a prueba al autor en múltiples ocasiones a lo largo de su obra. Como escritores hemos de estar preparados para correr riesgos, para vivir inseguridades sobre lo que escribimos, para enfrentarnos a dificultades, para saber aceptar nuestra autocrítica. Para ser, sobre todo, pacientes y constantes.

 **El escritor ha de ser constante en su labor y saber aceptar los riesgos que comporta la creación literaria.**

Podemos preguntarnos ante la obra que tenemos entre manos si estamos siendo sinceros con nosotros mismos, si tratamos de ocultar algo a sabiendas de que deberíamos manifestarlo, o si hemos volcado demasiada acidez en lo que escribimos.

Las consecuencias de esta posible falta de honestidad se harán palpables de inmediato: nuestra escritura se volverá más endeble, más carente del vigor necesario, más pobre, en resumidas cuentas.

Por todo ello digamos una vez más que si queremos que nuestra obra posea espontaneidad y fuerza hemos de escribir saltándonos las normas de lo convencional, de los academicismos y ortodoxias anémicas y escribir «desde el corazón». Lo que quiere decir que hemos de dejar que fluya la energía creadora que, en principio, se encuentra presente en todo escritor.

Por consiguiente veamos:

## Lo que SÍ conviene hacer:

✓ Tener siempre presente que los personajes de la obra que escribimos son seres humanos y que, por tanto, debemos dotarlos de su propia personalidad.
✓ Disponer de una documentación acertada para enriquecer la obra.
✓ Leer autores famosos, porque eso no tiene por qué mermar nuestra originalidad.
✓ Recordar que, a la hora de escribir, el compromiso que en primer lugar tiene todo escritor es consigo mismo.
✓ Ser constantes. Dejar que fluya la energía creadora.

Y

## Lo que NO conviene hacer:

✗ Utilizar de forma desproporcionada la documentación que poseamos sobre un determinado personaje o un tema concreto.
✗ Exagerar el contenido de pensamientos y sensaciones de los protagonistas.
✗ Tener en cuenta aquellas opiniones que rechazan tajantemente el componente psicológico de los personajes.
✗ Adecuarse a las modas literarias imperantes en el momento.

✗ Ceder ante las dificultades que comporta la creación de toda obra literaria.

---

## Ejercicio

Lea el fragmento de un texto de una obra famosa, y cree el suyo propio tratando de establecer con el primero un paralelismo en el ritmo, la extensión y, si fuera posible, la sintaxis.

---

## Conclusión

Así pues, como resumen de todo lo anterior, puede decirse que el escritor creativo ha de tener presente que:

▶ El estilo de una obra literaria debe ser la expresión de la actitud que el autor tenga ante el mundo.
▶ La sencillez debe predominar en la obra.
▶ Téngase siempre en cuenta el componente psicológico de los personajes.
▶ No hay que temer las posibles influencias de autores consagrados.
▶ Despreocuparse por las modas existentes.

## Nota a pie de página

Si nos olvidamos de que el éxito que tengamos con la obra que hemos escrito sea el único incentivo para nuestro trabajo, habremos hecho una buena inversión en sencillez y en libertad. Son muchos los autores que coartan su capacidad creadora buscando un éxito que, las más de las veces, no se consigue. Ponernos como único objetivo lograr un *best seller* con nuestra obra es, sin lugar a dudas, una meta falsa.

# 7

# LA CAPACIDAD EXPRESIVA

## La importancia de la intuición

Ya hemos hablado de que el escritor ha de buscar, sobre todo, con su capacidad expresiva la conexión con el lector. ¿Pero cómo se puede lograr esa conexión?

Téngase presente que la capacidad de expresión del autor ha de permitir, como decía Simone de Beauvoir, que su novela logre crear en el lector experiencias imaginarias tan completas y tan inquietantes como las que él haya podido vivir en la realidad.

Para ello es necesario que pongamos en funcionamiento nuestra intuición, a fin de que desde las primeras líneas sepamos captar la atención del lector. Establecer el clímax de la obra en las primeras páginas es —aunque pueda resultar una técnica un tanto arriesgada— una buena manera de captar esa atención. Y dentro de esas primeras páginas, *el interés que despierten las líneas iniciales resultará esencial para establecer la conexión con el lector.*

Recuérdese a este respecto lo que ya se ha dicho sobre la conveniencia de ejercitarse manteniendo un diario; éste, escrito de forma espontánea, puede constituir una magnífica herramienta para fomentar la intuición.

Además de la realización de ese diario personal (en el que se han de volcar los pensamientos y sentimientos más íntimos, sin que les pongamos trabas de ninguna clase, a fin de que fluyan lo más libremente posible) un método que sin duda puede estimular nuestra intuición es el siguiente ejercicio:

- *Escribir un resumen de nuestra propia vida y de aquellas experiencias vitales que nos hayan dejado una marca más profunda.*
- *Investigar hasta donde sea posible los orígenes de nuestra familia y los hechos más sobresalientes vividos por nuestros padres, abuelos, etc.*
- *Escribir asimismo de forma novelada, pero breve, los datos recogidos.*
- *Observar hasta qué punto nuestra intuición hubiera modificado y transformado los hechos sucedidos.*
- *¿Qué es lo que se siente al analizar la herencia recibida?*

Revisemos, de vez en cuando, estas anotaciones enriqueciéndolas con aquellos aportes que en cada ocasión puedan surgir de forma espontánea.

## El papel de la memoria. Mitos, leyendas y los «demonios» del escritor

Puesto que tanto el recuerdo de cuanto hemos vivido, como de todo aquello que se nos haya contado —y que dejó una profunda huella en nuestra mente— constituye el patrimonio más personal e íntimo que poseemos, resulta enriquecedor para la capacidad expresiva realizar el ejercicio de tomar esos elementos y narrarlos en primera persona, haciendo hincapié en aquellos puntos que más nos hayan impresionado. No es necesario alargarse demasiado en esta narración, bastarán posiblemente cuatro o cinco folios.

Las leyendas, los mitos e historias que hemos oído representan igualmente un material inestimable para el escritor. También en este caso podemos establecer modificaciones por nuestra cuenta, porque ello estimulará la capacidad expresiva y servirá de acicate para la intuición.

- *¿Cuáles fueron los detalles de esas historias que más nos impresionaron?*
- *¿Por qué?*
- *¿En qué etapa de nuestra vida las conocimos?*

Mitos y leyendas, leídos o escuchados, dejan una profunda huella en nuestra memoria. No importa que se trate de una historia de origen incierto escuchada en los años de nuestra niñez o de un relato perteneciente a las mitologías griegas, egipcias, hindúes o a las viejas tradiciones de Occidente leídas en edad más avanzada, el mito y su contenido estará siempre presente, como elemento catalizador de imágenes, en nosotros.

## El mito a la hora de escribir una novela

Al hablar de la influencia que tiene el mito sobre la labor del escritor no podemos olvidarnos del impacto considerable que, por ejemplo, ejerció la obra de J. Campbell *El poder del mito* sobre el arte de escribir novelas.

Son muchos los escritores que actualmente comprenden la importancia de escribir una historia atemporal. El mito permite construir una obra que pueda desarrollarse en cualquier época histórica, sin tener que ceñirse a las limitaciones de una determinada temporalidad, algo parecido a lo que sucede en los sueños.

Resulta muy significativo lo que afirmaba Cesare Pavese (1908-1950), autor de obras tan importantes como *El oficio de vivir* o *La luna y las fogatas*, sobre la influencia del mito en la obra del escritor: «Toda novela nace de un mito personal que se va formando en cada uno de nosotros. Es algo que se elabora partiendo de nuestras primeras impresiones, las cuales, en su mayoría, han sido olvidadas o se han depositado en el inconsciente. Se trata de un mito que resume las impresiones que nos ha dejado nuestra primera andadura por el mundo. Una vez se haya escrito la primera línea de una obra ya todo queda elegido, desde su estilo hasta las características de los hechos».

 *El escritor ha de tener muy en cuenta las primeras impresiones que guarda en su memoria. Ellas forman la sustancia de su mito personal.*

A este respecto pongamos otro ejemplo: el del escritor y poeta inglés Robert Graves (1895-1985) quien encontró en los mitos una fuente muy valiosa para su labor creativa.

Un caso más, sumamente conocido, es el de García Márquez cuya obra *Cien años de soledad* ejerció y ejerce una atracción tan profunda sobre el lector porque en ella hay una presencia subterránea del mito, de la intemporalidad y, evidentemente, de la circunscripción geográfica.

Así pues, el mito representa una parte muy significativa de la dimensión humana de la realidad. Por ello hay que recordar que la literatura siempre ha estado muy vinculada a él. Jung consideraba la literatura y al mito como plasmaciones del inconsciente colectivo. Un punto a tener muy en cuenta en esta ocasión es que la creación literaria suele seguir, en varios aspectos, a la formación del mito.

 **El mito personal forma parte de la obra de todo escritor.**

Porque si bien el escritor expresa en su obra literaria esencias de la cultura en la que vive, no puede sustraerse a sus propios mitos personales. Vargas Llosa ha dicho, y en bastantes ocasiones, que escribe novelas para liberarse de sus «demonios». No es él el único. El escritor que logra que sus obras alcancen una gran difusión es el que sabe expresar con éxito esos demonios personales y hace partícipe de ellos al lector.

Anotemos y revisemos los puntos oscuros que se observaron tanto en las historias que hayamos oído de forma directa como en los mitos y leyendas que hayamos podido leer, porque ello enriquecerá sin duda nuestra capacidad expresiva.

## Los héroes del mito

Prácticamente todos los mitos tienen un héroe, ya sea hombre o mujer, cuyo nacimiento e infancia se encuentran rodeados por maravillas de muy variada especie. A medida que van creciendo sus épicas aventuras (que frecuentemente tienen que ver con la búsqueda de un elevado objetivo; una búsqueda que puede durar años o toda una vida) nos proporcionan material para posibles historias.

Desde el legendario Jasón con sus argonautas hasta las obras de J. R. Tolkien (escritor del que merece la pena que hagamos un posterior comentario), el héroe constituye una de las figuras más emblemáticas y magnéticas de toda ficción. Por ello sería estimulante para el escritor:

 **_Crear un héroe que sirva para disfrute del autor y del lector._**

No todos los héroes que creemos han de ser agradables y bondadosos. Incluso, en algunos casos, pueden mostrar sin recato vicios que serán muestra de su naturaleza y que servirán para dar pie a las reacciones del lector.

Recordemos que para que una obra sea atractiva, e incluso importante, no es suficiente con que el tema que en ella se toca tenga esas cualidades. Por supuesto que lo más importante es la calidad artística de su realización, pero la conexión que se establezca con el mito —y ahí entra en juego el personaje protagonista— le puede conceder un sabor y una resonancia muy especiales.

## J. R. Tolkien: una creación original

El caso del escritor británico J. R Tolkien (1892-1973) es, tal vez, único en la historia de la literatura, a la hora de crear una nueva y fantástica mitología.

Tolkien fue durante casi cuatro décadas profesor de lengua y literatura inglesa en la Universidad de Oxford. Sin embargo, lejos de destacar escribiendo farragosos tratados de filología o de crítica literaria, logró la fama con sus novelas inspiradas en temas de la literatura fantástica medieval. A lo largo de veinte años escribió _El hobbit_ y posteriormente la trilogía _El señor de los anillos_, obras que obtuvieron un éxito mundial sin precedentes, especialmente entre el público juvenil. A pesar de lo complejo de la trama de estas novelas, Tolkien consigue una admirable fusión entre elementos dispares que, en realidad, interpretan y manifiestan las inquietudes y los sueños de nuestro tiempo. De este modo el autor construye con una deliciosa y rica capacidad de invención una historia de pura evasión. Al mismo tiempo, el comportamiento de los protagonistas manifiesta no solamente aspectos heroicos y caballerescos sino virtudes cotidianas como la paciencia, el sentido común y la constancia.

## Símbolos y mitos: Un buen caldo de cultivo para el escritor

El mito es bastante más que una historia o que un conjunto de historias, ya que es la forma más profunda de vincularse a una manifestación más intuitiva e interior que la que podría hacerse si nos atuviéramos tan sólo a la fría lógica de los hechos. Realmente, el mito se muestra sensible tanto con la imaginación creativa como con el inconsciente.

 *Mitos y leyendas pueden constituir un magnífico caldo de cultivo para el escritor.*

La relación entre el mito y la literatura es un tema muy presente y que se ha visto debatido con frecuencia por los críticos contemporáneos. Por lo general se está de acuerdo en que existe un vínculo muy fuerte entre la creación literaria y los mitos, los cuales actúan fuertemente sobre la imaginación colectiva y, por tanto, sobre el escritor.

El mito no es una concepción arbitraria ni obedece a pautas premeditadas o dirigidas. Se trata de algo que pretende dar respuesta a temas muy profundos y serios planteados por el ser humano. El origen, el destino, el más allá, etc. son temas a los que el mito suele hacer referencia.

Al igual que sucede en los sueños, en los mitos se producen transformaciones mágicas en las que se abandonan las leyes de la causalidad para acceder al reino de lo mágico. En este sentido el mito representa una puerta de acceso al mundo de los símbolos, que no son otra cosa que formas tomadas del mundo exterior pero que están cargadas con significados interiores y profundos.

## Permitirse la ensoñación

Mitos y símbolos —elementos estrechamente unidos a la literatura— constituyen el entramado de ese mundo de ensoñaciones que es sumamente necesario al escritor; éste se ve obligado a romper en muchas ocasiones las barreras del universo material que le circunda y le constriñe para poder escribir su obra.

En este sentido la lectura de las obras de escritores como las hermanas Bronte, G. de Maupassant, la poesía de Mallarmé, o los relatos breves de Marguerite Yourcenar pueden ser de gran estímulo para el escritor. Sin olvidar, por supuesto, los relatos de Borges, García Márquez, o las geniales obras de Joyce y Rulfo.

 ***Las ensoñaciones del escritor enriquecen su propia realidad.***

Hemos de recordar aquí que para que la obra que estamos escribiendo sea importante —o, si se prefiere, sea un éxito— no es suficiente que el tema lo sea. Por supuesto que es esencial la calidad artística que logremos mostrar en ella, pero la conexión que pueda tener con el mito sin duda le dará una resonancia especial.

Antes de concluir este capítulo conviene advertir que no se puede forzar la evocación de los significados simbólicos, porque de ser así lamentablemente se alejarán de nosotros. Por el contrario, es necesario abrirse a la imaginación y dejar que la riqueza del símbolo surja de forma espontánea. De este modo se enriquecerá el conocimiento y la capacidad creativa del escritor y, por extensión, la de sus lectores.

Veamos por tanto:

Lo que SÍ conviene hacer:

✓ Recordar que es necesario conseguir el interés del lector desde las primeras páginas.

✓ Hacer un resumen de nuestra historia personal y observar cuáles son nuestros sentimientos al revisar esos hechos.

✓ Considerar que toda novela nace, de algún modo, de un mito personal.

✓ Enriquecer nuestra capacidad expresiva analizando las luces y las sombras de las historias oídas.

✓ Tener presente la importancia del mito y del símbolo como formas llenas de significados internos.

Y

Lo que NO conviene hacer:

✗ Sustraerse a los propios mitos personales.

✗ Creer que es suficiente con que el tema escogido sea atractivo para que la obra también lo sea.

✗ Creer que el mito es una concepción arbitraria y que por tanto no nos resulta válida.

✗ Eliminar de la obra que se esté escribiendo todo atisbo de imaginación creativa.

## Ejercicio

▪ Lea cualquier historia que trate de mitos o leyendas y escriba un resumen de la misma modificando las actitudes y pensamientos de los héroes que figuran en ella.

▪ Escriba un texto corto con palabras inventadas que, sin embargo, pueda tener sentido para un hipotético lector.

▪ Desarrolle un relato breve de estilo fantástico —que pueda tener lugar en cualquier época histórica— en la que los héroes manifiesten características del ser humano corriente.

## Conclusión

Así pues, la riqueza expresiva de una novela requerirá:

▶ Poner en funcionamiento la intuición.
▶ Ejercitar la memoria.
▶ Conectar con los mitos personales.
▶ Crear héroes que soslayen la realidad cotidiana.
▶ Dotar a la obra de una alta dosis de imaginación.

## Nota a pie de página

Por muy bien construida que esté la obra, si no dejamos volar libremente la imaginación es posible que hayamos garantizado nuestro inevitable fracaso. El escritor tiene la obligación de crear un mundo nuevo con su forma de expresión. Limitarse a transcribir la realidad cotidiana —la que el lector sin duda conoce de sobra— puede restar todo interés a la obra.

# TERCERA PARTE

# 8

# EL MATERIAL DE LA OBRA LITERARIA

## El contexto de una obra

Toda obra literaria posee su propio contexto. Se trata de ese marco exterior compuesto de aspectos biográficos, histórico-geográficos y culturales que de hecho pueden delimitar y explicar la relación entre el escritor y su obra.

Cuando estamos trabajando una obra de ficción —aunque también podemos incluir aquí las biografías, las memorias y otros géneros literarios similares— hemos de procurar que a través de la técnica que utilicemos el lector pueda penetrar de forma más auténtica en una realidad de la que, tal vez, no tenga una percepción clara.

La estructura de nuestra obra debe contribuir a eliminar las diferencias que se puedan presentar en la mente del lector entre realidad e irrealidad. De este modo el lector se podrá acercar de una manera más profunda al mundo ficticio de la obra —si se trata de una novela, por ejemplo— bajo el cual tal vez se oculten problemas de toda índole.

 *La técnica utilizada por el escritor debe clarificar el plano real de lo irreal en la mente del lector.*

De esta conexión existente entre lo real y lo irreal en toda obra de creación volveremos a hablar más adelante, cuando nos refiramos a la atmósfera que debe reinar en la obra literaria.

Pero para concluir este apartado no está de más reseñar que muchos tratadistas han caracterizado la novela moderna por su ambigüedad. Como afirma González Boixo al estudiar la obra de Juan Rulfo: «Cualquier relato tiene dos tipos de lectura, como muy bien han visto los estructuralistas; una lectura horizontal, que claramente se muestra incompleta y parcial, y otra vertical que pretende buscar unidades de sentido, y que supone un esfuerzo por encontrar significados más allá de la historia que el relato narra linealmente».

Y es precisamente en esta doble lectura en la que el lector no debe encontrar problemas a la hora de establecer la vinculación entre lo real y lo irreal.

## La trama

La trama constituye la herramienta más esencial para que el lector se sienta interesado por la obra y constituye, por así decir, su ensamblaje. Si la trama está bien «ensamblada» el lector se sentirá interesado en la lectura. Y esto es, en definitiva, lo que pretende todo autor: hacer del lector un cómplice interesado en su obra.

Las tramas —si nos referimos a la obra de ficción— pueden ser de muy variada índole: sentimentales, de intriga o de acción. Básicamente éstas son las más corrientes, si bien no hay que descartar otras variantes.

Para el escritor resulta fundamental tener claro lo que quiere contar, eliminando todo el material superfluo. Escribir muchas páginas sin saber muy bien qué tipo de historia queremos contar constituye un error capital. Por desgracia son muchos los escritores que arruinan sus obras desde su mismo inicio, bien porque la trama escogida resulta muy endeble y carece de interés para el lector, o bien porque se alargan los prolegómenos y la historia no empieza nunca.

 **No dudemos en eliminar de la obra todo el material superfluo.**

Nuestro trabajo de escritor es contar lo mejor posible una historia al lector. Y aunque parte de ese trabajo sea conocer muy bien a los personajes que vamos a incluir en la obra, no es conveniente que compartamos toda la información sobre ellos con el lector. Como autor usted ha de tener muchos datos guardados en la recámara; datos que podrá ir presentando al lector de forma paulatina si la obra lo requiere.

Una idea que muy posiblemente resultará acertada es escoger una escena clave y empezar nuestra obra con ella. Recordemos lo dicho acerca del interés que han de mostrar los primeros párrafos. Después, y una vez que se haya conseguido ese interés en el lector, se podrá ralentizar la acción.

**Téngase siempre claro lo que, fundamentalmente, se desea contar en la obra.**

Tampoco nos olvidemos de que toda obra literaria —ya se trate de novela, de biografía o de ensayo— ha de poseer unidad. Podemos alterar el orden en que se narren los acontecimientos, pero hemos de cuidar que nuestra obra esté completa, a fin de que el lector tenga la seguridad de que en ella no falta nada.

**La trama establece la conexión y el orden de los acontecimientos que constituyen el argumento.**

Un argumento interesante que carezca de una trama acertada dará como resultado una obra fallida. Pero se ha de velar por que las posibles subtramas no ahoguen la novela o se apropien de ella, lo cual generaría confusión. Vigilemos, por tanto, que la atención del lector recaiga siempre en el personaje, o personajes, principales; sin que ello quiera decir, naturalmente, que uno se haya de despreocupar del resto. (No olvidemos que, en muchas ocasiones, un comentario, un diálogo o una simple observación de un personaje secundario incluso pueden contener la clave de la obra.)

## Diferencia entre trama y argumento

Como dijimos, la trama es la organización que ha de hacer el escritor de los elementos que darán sentido al argumento de la obra. Podría afirmarse, utilizando un símil cinematográfico, que la trama es equivalente al «montaje» de una película.

El argumento, por su parte, es el conjunto de aquellas escenas y momentos principales que constituyen la historia que estamos contando. En la narración de este conjunto de escenas y acontecimientos es necesario que esté presente un elemento sustancial: la tensión narrativa.

Dicha tensión se consigue trasmitiendo al lector la impresión de que algo va a suceder de forma más o menos inminente. *Para ello es necesario no cargar la historia con acontecimientos secundarios, o anecdóticos, que puedan distraer la atención del lector.*

Este punto es todavía más importante cuando estamos escribiendo una novela corta o un relato breve, porque hemos de recordar que si bien en la novela larga —o convencional— se puede ampliar la historia contada con posibles subtramas, en el relato breve o en la novela corta es fundamental controlar o encauzar debidamente la acción (algo que se debe tener muy en cuenta en la obra de teatro). Como decimos, hemos de conseguir que la atención del lector se fije en lo que es esencial y no en lo secundario o anecdótico.

Recordemos también que las tramas demasiado complicadas cansan al lector (incluso pueden llegar a aburrirle mortalmente) porque, en la mayoría de los casos, si no logra comprenderla no disfrutará con la lectura. La tensión narrativa, amigo lector-escritor, no se consigue complicando innecesariamente los acontecimientos, sino dotándolos de coherencia y verosimilitud.

*La tensión narrativa es el combustible de toda obra. Por ello es necesario cuidarla, y no desvirtuarla, debilitarla o complicársela al lector.*

Un buen método para organizar la secuencia de acciones —las que constituyen la esencia del argumento— es establecer los hechos principales siguiendo, por ejemplo, un cierto orden cronológico. Pero, en definitiva, habrá de ser la progresión lógica de los acontecimientos que sucedan al protagonista —o al resto de los personajes principales— la que marcará ese ordenamiento cronológico. De este modo, el argumento puede quedar bien establecido.

## El diálogo

Un diálogo ágil representa un elemento estimulador a la hora de describir el carácter de los personajes e impulsar la trama (y esto es tan válido para el relato breve y la novela corta como para una obra larga).

Con el diálogo se pueden revelar prácticamente todas las particularidades psicológicas y demás características del personaje, al tiempo que con un diálogo acertado se logra dar una buena textura al estilo de la prosa.

Por consiguiente podría decirse que la primera regla de un buen diálogo es que sea utilizado sin cortapisas. No olvidemos que existen obras que están estructuradas básicamente en los diálogos.

 *El diálogo ha de tener su propia personalidad, diferenciándose de una conversación de tipo convencional.*

Hemos de cuidar que en los diálogos no se utilicen aquellas muletillas o tópicos que por lo general se emplean en la conversación habitual.

Hemos de restringir en lo posible los adverbios que suelen unirse a una expresión tópica. Por ejemplo: es más vivo e impactante escribir «dio un bramido» que emplear el tópico: «habló enérgicamente».

Aunque al escritor novel le pueda parecer un poco chocante es también más acertado emplear en el diálogo fórmulas clásicas como «él dijo/ella dijo» que utilizar muletillas del tipo «replicó», «comentó», «calló» o «gritó», porque todas estas aclaraciones pueden distraer al lector.

Una solución hábil y elegante es suprimir toda clase de aclaraciones convencionales, siempre que ello sea posible y no perjudique a la claridad del diálogo.

 **_Eliminemos del diálogo las aclaraciones convencionales que puedan distraer al lector._**

A medida que vamos cambiando de locutor y damos a cada uno de ellos sus características particulares —su personalidad, en resumen—, es muy probable que el lector sepa quién está hablando sin necesidad de que se lo aclaremos.

Un punto a tener muy en cuenta es evitar en el diálogo el parecido entre las distintas voces. Es obvio que no pueden expresarse del mismo modo un profesor de astrofísica que un vendedor de automóviles. Y, como ya se ha dicho, si queremos dotar de realismo un diálogo tratemos de hacerlo vivo y no intentemos hacerlo literario.

En este sentido repitamos que siempre será mucho mejor recurrir a las fórmulas convencionales del «dijo», u otro verbo sencillo —que normalmente el lector apenas si se fija en él— que tratar de mejorar la estructura del diálogo empleando otros verbos más rebuscados.

## Un ejemplo de diálogo ágil

Vamos a tomar como ejemplo —se podrían poner decenas— el diálogo que el escritor Vázquez Montalbán incluye en su novela *Los pájaros de Bangkok*.

La escena tiene como personajes al protagonista de la novela —el detective Carvalho— y a una posible clienta que le llama por teléfono para hablarle de un asesinato: «Le llamaba porque yo no tengo ningún inconveniente en hablar con usted y es difícil localizarme porque me paso todo el día en la facultad». «Lástima. Tal vez si hubiera empezado por usted. Pero sus compañeros de crimen me han desanimado, me han dejado como un trapo.» «Yo tengo mi propia teoría de los hechos. ¿No le interesa conocerla?» «Estaba dispuesto a olvidar este asunto.» «La verdad es que el caso es muy interesante.» «Cierto.» «Y que la muerta era un personaje singular.» «Así me lo parecía. Aunque usted y yo no la conocíamos demasiado.» «¿Por qué habla por mí? Usted no la conocía. Yo sí.» «Los periódicos y el señor Dalmases dicen que usted prácticamente la conoció aquella noche.» «Hacía años que la conocía, aunque a distancia. Era una mujer singular. ¿De verdad no le interesa hablar conmigo?» «Lo veo irremediable. ¿A qué hora mañana?» «Tengo la tarde libre, hasta las siete… ¿Conoce usted el jardín del antiguo hospital de la Santa Cruz, el de la biblioteca de Catalunya?» «No me muevo de él.» «¿A las cinco?» «¿Le importaría recorrer los cuatrocientos metros que separan ese jardín de mi despacho?» «¿Y a usted le importaría hacer lo mismo? No me gustan los espacios cerrados.» «¿Cómo nos reconoceremos?»…

Observemos cómo en todo este largo diálogo (sólo hemos tomado un fragmento del mismo) no se explicita cuál de los dos interlocutores está hablando. Sin embargo el lector se da perfecta cuenta de quien lo hace. El autor tampoco recurre a muletillas del tipo «replicó», «dijo», «comentó», etc. con lo cual le da un mayor ritmo y frescura al diálogo. (Naturalmente, no hay inconveniente en escribir «preguntó» si el personaje formula una pregunta, o «gritó» si ha levantado bruscamente la voz, pero evitemos verbos rebuscados que desvirtúen la conversación.)

 **Evítense en el diálogo tics y muletillas que lo recarguen innecesariamente.**

Si bien el diálogo que se ha incluido más arriba forma parte de una novela larga —su extensión es de 300 páginas aproximadamente—, con mayor motivo se ha de emplear ese estilo ágil en una obra corta.

Como norma hemos de procurar que con el diálogo el lector contacte y se vincule con los personajes. Y no olvidemos que las frases han de sonar reales, puesto que pretendemos que esos personajes también lo sean. Somos nosotros, como autores, los que les hacemos hablar directamente. Si las frases que ponemos en su boca parecen reales el lector tendrá la impresión de que esos personajes están vivos.

## Diálogo y caracterización

El carácter de los personajes se muestra a través de la acción. Pero es fundamental que recordemos que el diálogo no sólo forma parte de la acción sino que en muchos casos representa un elemento básico para establecer el carácter de los personajes. En una novela, por ejemplo, el diálogo constituye el componente que «representa» la vida de esos personajes, por lo que ha de mostrarse creíble y real.

 ***Demos visos de realidad a los diálogos, acompañándolos de la plasticidad que forma parte de la conversación.***

Por tanto recordemos que el diálogo se hace más eficaz si lo acompañamos de los debidos gestos, de las pausas y los detalles físicos que suelen estar presentes en toda conversación. Porque muchas veces no decimos lo que queremos decir, pero es el cuerpo el que revela nuestras auténticas intenciones.

Insistamos en que en la vida cotidiana nuestro lenguaje —y, por consiguiente, el lenguaje que utilizan los personajes de nuestra novela— se encuentra socialmente codificado. Cuando escuchamos a otros intuimos —a veces lo sabemos con certeza— lo que quieren decir; de manera que por más que sus palabras nos parezcan correctas, agradables, incluso joviales, podemos darnos cuenta de que nuestro interlocutor se muestra molesto o a disgusto con nosotros. Esto es, por tanto, lo que hemos de saber trasladar a los personajes de nuestra obra.

## Cuidar los diálogos

No hagamos que los personajes adopten un lenguaje exageradamente académico, a menos que la caracterización de un determinado personaje lo requiera así, porque el lector tal vez se sienta alejado de ese personaje que tanto hemos querido cuidar.

Lo mismo sucede si optamos por todo lo contrario, es decir, por una forma de expresión extremadamente coloquial y rústica, pues cualquier exageración puede hacer pensar al lector que se trata de limitaciones del propio autor a la hora de hacer hablar a sus personajes.

 *Recordemos que los diálogos han de manifestar siempre el carácter de los personajes.*

Los diálogos constituyen un elemento muy importante de la obra; y tanto si los insertamos totalmente en el texto (ciertos autores prefieren esta forma) como si les damos su debido espacio en la obra, es fundamental no forzarlos. Los personajes deben expresarse siempre de acuerdo con su propia idiosincrasia. Forzar su caracterización con diálogos improcedentes mediante los cuales queramos sentar nuestros propios criterios sería un error.

Tampoco sería acertado que los personajes cambiaran inopinadamente —y sin razón de peso que lo justificara— su actitud mediante diálogos que al lector siempre le resultarían poco comprensibles.

Por último, evitemos que los personajes que mantienen un diálogo, por muy sencillo que queramos hacerlo, lo conviertan en una ristra de banalidades. Por mucho que consideremos conveniente dotar a nuestra obra de cierto realismo, es contraproducente cansar al lector con datos superfluos.

# De nuevo la imaginación al poder: un párrafo inigualable

La riqueza y la creatividad de la expresión muestran en ciertos autores niveles tan elevados que todo escritor debe estudiarlos a la hora de enriquecer su capacidad expresiva. Pongamos un singular ejemplo:

En *Rayuela*, obra tan genial como rompedora, Julio Cortázar incluye este originalísimo párrafo: «Apenas él le amalaba el noema, a ella se le agolpaba el démiso y caían en hidromurias, en salvajes ambonios, en sustalos exasperantes. Cada vez que él procuraba relamar las incopelusas, se enredaba en un grimado quejumbroso y tenía que envulsionarse de cara al nóvalo, sintiendo cómo poco a poco las arnillas se espejunaban, se iban apeltronando, redupliendo, hasta quedar tendido como el trimalciato de ergomanina al que se le han dejado caer unas fílulas de cariaconcia. Y, sin embargo, era apenas el principio, porque en un momento dado ella se tordulaba los hurgalios, consintiendo en que él aproximara suavemente los orfelunios. Apenas se entreplumaban, algo como un ulocordio los encrestoriaba, los extrayustaba y para movía, de pronto era el clinón, la esterfurosa convulcante de las mátricas, la jadehollante embocapluvia del orgumio, los esproemios del merpasmo en una sobrehumítica agopausa. ¡Evohé! ¡Evohé! Volposados en la cresta del murelio, se sentían balparamar, perlinos y márulos. Temblaba el troc, se vencían las marioplumas, y todo se resolviraba en un profundo pínice, en niolamas de argutendidas gasas, en carinias casi crueles que los ordopenaban hasta el límite de las gunfias».

¿Qué sensación nos ha causado la lectura de este párrafo? Hemos podido entender sin dificultad la escena, pese a la abundancia de originales neologismos que nos regala Cortázar.

 **Crear los propios neologismos, siempre que sean deducibles para el lector, puede enriquecer la obra y constituye una forma de estimular la imaginación.**

Cortázar juega con el relato —e, inocentemente, con el lector— creando términos que aparentemente nos resultan absurdos pero que no solamente poseen una indiscutible musicalidad sino también indiscutible significado.

El lector del párrafo sin duda se habrá dado cuenta de que lo que en él se escribe es una escena erótica: *orgumio* y merp*asmo* (orgasmo) son términos ingeniosos que, al mismo tiempo, estimulan la imaginación del lector para que éste rellene los aparentes huecos que se encuentran ocupados en el texto por vocablos ininteligibles. Por otro lado la musicalidad y el ritmo creciente de todo el párrafo no tienen parangón.

En este original párrafo Cortázar estimula la imaginación del lector mediante los «neologismos» que se ha inventado, la sintaxis, el ritmo y la musicalidad, a fin de que sea precisamente el lector del párrafo quien dé sentido a las frases y, por supuesto, a toda esa escena plena de erotismo.

Por consiguiente esto es:

## Lo que SÍ conviene hacer:

✓ Tener claro lo que queremos contar, evitando todo aquello que pueda resultar superfluo y que provoque distracciones innecesarias en el lector.

✓ Crear un diálogo ágil que sirva de apoyo para describir el carácter de los personajes.

✓ Evitar aquellos diálogos que resulten muy rebuscados o, por el contrario, exageradamente ramplones.

Y

## Lo que NO conviene hacer:

✗ Confundir al lector con una deficiente estructura de la obra.

✗ Compartir con el lector toda la información que se posea sobre los personajes.

✗ Exagerar el uso de muletillas aclaratorias en el diálogo.

✗ Deformar con un diálogo desacertado el carácter de los personajes.

## Ejercicio

Invéntese dos personajes —al margen de la obra que pueda estar escribiendo— y construya un diálogo entre ellos. Observe cómo se desarrolla ese diálogo. ¿Es ágil? ¿Son necesarias acotaciones para cada personaje del tipo «él dijo», «ella comentó» etcétera?

## Conclusión

El escritor creativo deberá:

▷ Vigilar el contexto.
▷ Dosificar adecuadamente la información que posea sobre los personajes.
▷ Saber organizar la trama de la obra.
▷ Agilizar los diálogos.
▷ Evitar academicismos, o simplezas, en los diálogos.
▷ Cuidar la tensión narrativa.

## Nota a pie de página

El diálogo es uno de los elementos de toda obra que convierte al escritor en el auténtico demiurgo, en el verdadero creador de los personajes que transitan por la obra. No los hagamos simples voceros de nuestras propias opiniones. Por el contrario, y aunque eso signifique todo un desafío, dejémosles que se manifiesten a sus anchas, por mucha disparidad que pueda haber entre sus formas de pensar y las nuestras.

# 9

# LA VOZ DEL NARRADOR

## El punto de vista

Denominamos «punto de vista», literariamente hablando, a la lente a través de la cual el lector observa el mundo que ha creado el escritor. Esto se puede conseguir de dos maneras: bien a través de lo que dice y siente el personaje, que se expresa en primera persona, o bien a través de la tercera persona. En este último caso será el autor el que esté narrando lo que sucede, y no el personaje.

Sea cual sea la voz que narre la historia tiene mucha importancia el tono que emplee la voz narradora. Los matices que ésta puede mostrar son muy variados, desde la ambigüedad hasta la precisión, desde la frialdad, la ironía o la sospecha hasta la precisión, la exaltación y la nobleza.

El escribir en primera persona tiene, como todo, ventajas e inconvenientes. Entre las primeras está el hecho de que el lector se puede sentir más vinculado a lo que se le está contando y, de este modo, fundirse plenamente con los pormenores del argumento. Entre los segundos debemos tener en cuenta que se restringen las posibilidades de entrar en detalles sobre la psicología y otras características del personaje.

El autor dispone, en su interior, de una variedad de posibles narradores y según la opción que se escoja así será la perspectiva narrada, Hemos de tener en cuenta que la novela es, entre otras cosas, un entramado de voces, Todo depende, pues, de la perspectiva que el autor prefiera ofrecer al lector.

En el supuesto de que el autor escoja para su obra la narración en primera persona, es fundamental que se sepa establecer una oportuna diferencia entre lo que siente, piensa y vive el autor, y lo que puedan sentir, pensar o reflexionar sus personajes. (Personalmente, el autor de estas páginas ha optado en algunas de sus obras por la primera persona, para tratar de conseguir esa entrañable vinculación con el lector, pero cuidando siempre de respetar esa conveniente diferencia.)

En el segundo caso, es decir, cuando se escribe en tercera persona, se amplían las posibilidades de describir a los personajes y de decir sobre ellos lo que se quiera, porque el narrador es un elemento omnisciente —¡qué gran comodidad!— y puede, por ejemplo, penetrar sin cortapisa alguna en la mente de sus personajes y conocerlos a la perfección.

 **Sopesemos concienzudamente, antes de iniciar la obra, qué persona va a narrar la historia.**

Al tocar el tema del punto de vista, Vázquez Montalbán afirmaba que constituía una de las grandes dificultades que se le presentaban al escritor para dotar de verosimilitud su relato. Y seguía diciendo: «Un punto de vista es el del propio autor, a la manera del realismo clásico. En el otro extremo está esa cámara de cine del "nouveau roman" que propone al lector que sustituya cualquier punto de vista por el suyo propio, recomponiendo las propuestas de imágenes y conductas objetivadas. Si por el primer camino se puede llegar a todo exceso subjetivista, por el segundo se llega a la posibilidad de ver la guía telefónica de Cuenca como una posible novela que el lector está en la obligación de rehacer. Pues bien, para mí Carvalho significaba la resolución del gran problema del punto de vista de cara a una novela crónica. Él vería la realidad y propondría al lector una identificación de mirada».

El hecho de que Carvalho —el agudo detective, personaje de tantas acertadas novelas de Vázquez Montalbán— pueda resolver el problema del punto de vista nos da una idea del buen apoyo que representa la tercera persona para el escritor. Es muy posible que en este caso el escritor tenga su propio punto de vista sobre los hechos que narra en la novela, pero ha de ser el protagonista el que manifieste y concrete el suyo propio. En pocas palabras: el personaje ha de ser libre para manifestarse y moverse a lo largo de la obra, dejando a un lado las posibles preferencias del autor.

**Escoger la técnica del narrador en tercera persona puede permitir más libertad al escritor.**

Por tanto, al escribir en tercera persona, el autor se sitúa fuera del punto de vista del personaje, permitiendo que el lector se confabule con el narrador a la hora de emitir su propio juicio. De todos modos no hay que olvidar que esta forma de narrar puede resultar más fría, estableciendo una posible brecha entre lo que los personajes hacen y lo que dicen.

## La elección del punto de vista

Uno de los graves errores que se cometen a la hora de escribir una obra es elegir inadecuadamente el punto de vista narrativo.

La elección de la primera persona resulta perfectamente adecuada, por ejemplo, en la novela autobiográfica en la que, además, representa un recurso muy conveniente para el autor.

Son muchos los escritores, tanto autores de obras de ficción como de otros géneros literarios, que han recurrido a experiencias personales, e incluso se han animado a escribir novelas autobiográficas dentro de su creación literaria. Y con ello han conseguido una mayor fusión con el lector.

**La elección de la primera persona es el recurso más adecuado en la novela de carácter autobiográfico.**

En este caso, y si bien la utilización de la primera persona resulta obligatoria, la óptica de la narración no debe adoptar matices encomiásticos. Una buena dosis de humildad —característica que debe estar presente en toda obra creativa— resulta aquí imprescindible. Megalomanías y narcisismos están absolutamente proscritos.

Autobiografías y libros de memorias requieren especialmente esta carencia de egocentrismo, a menos que se pretenda que el lector abandone la lectura a las pocas páginas de iniciada. Cosa que no suele suceder, sobre todo con aquellos autores que no se sienten especialmente satisfechos de sí mismos.

Y puesto que hablamos de la escritura en primera persona —y más especialmente de autobiografías— permítasenos poner dos significativos, y absolutamente contrapuestos, ejemplos.

## Dos puntos de vista antagónicos

Incluiremos en primer lugar este bello párrafo inicial de *Antes del fin*, la breve autobiografía que constituye el testamento espiritual de Ernesto Sabato, el genial autor de *Sobre héroes y tumbas* y *Abbadón el exterminador*:. «Me acabo de levantar, pronto serán las cinco de la madrugada; trato de no hacer ruido, voy a la cocina y me hago una taza de té, mientras intento recordar fragmentos de mis ensueños, esos semisueños que, a estos ochenta y seis años, se me presentan intemporales, mezclados con recuerdos de la infancia. Nunca tuve buena memoria, siempre padecí esa desventaja; pero tal vez sea una forma de recordar únicamente lo que debe ser, quizá lo más grande que nos ha sucedido en la vida, lo que tiene algún significado profundo, lo que ha sido decisivo —para bien y para mal— en este complejo, contradictorio e inexplicable viaje hacia la muerte que es la vida de cualquiera. *Por eso mi cultura es tan irregular, colmada de enormes agujeros,* como constituida por restos de bellísimos templos de los que quedan pedazos entre la basura y las plantas salvajes. Los libros que leí, las teorías que frecuenté, se debieron a mis propios tropiezos con la realidad... En torno a penumbras que avizoro, en medio del abatimiento y la desdicha... me dispongo a contar algunos acontecimientos, entremezclados, difusos, que han sido parte de tensiones profundas y contradictorias, *de una vida llena de equivocaciones, desprolija, caótica, en una desesperada búsqueda de la verdad».*

Perdónenos el lector la extensión de este sincero y bello párrafo, homenaje a un escritor genial y honesto (no olvidemos tampoco la valentía de su *Informe Sabato*, en el que denunció los crímenes cometidos por la dictadura argentina entre 1976-1983), que contrasta vivamente con el que incluimos seguidamente, perteneciente a las *Confesiones inconfesables*, del igualmente genial, aunque siempre histriónico, Dalí: «Mi magia-paranoia no ha cesado de molestar a los surrealistas…Yo soy el médium de mi propia imaginación. Basta que mire fijamente a mi tela, para que surja una nueva verdad de lo real. Puedo también hacer desaparecer a voluntad tal o cual objeto. Hago invisible lo visible eliminándolo con mi fuerza alucinatoria. Mi delirio creador tiene una fuerza fatal…».

Sin comentarios.

## El narrador «sabelotodo»

A la hora de establecer el punto de vista, es decir la voz del narrador, hay autores que emplean ese personaje que, tanto si se trata de la tercera como de la primera persona (aunque es más lógico que se utilice la tercera persona) conoce los recovecos de todos los personajes de la obra.

Si decidiéramos emplear semejante técnica hemos ser muy cuidadosos para que la voz de ese narrador «sabelotodo» sobresalga sobre todas las demás. De ese modo se puede profundizar en los pensamientos e interioridades del resto de los personajes. Esta fórmula no sólo entraña ciertas dificultades técnicas sino que puede caer en el peligro de que el lector confunda las voces que le están narrando la historia.

Por lo general, ese narrador omnisciente es un elemento proclive al monólogo interior. Y esta técnica requiere —insistiremos una vez más en ello— ser muy cautos a la hora de narrar para que el lector no se sienta alejado de lo que se le está contando.

Recordemos que las reflexiones que se incluyen en un texto pueden ser muy acertadas, pero recomendaríamos que se dejasen para aquellas obras autobiográficas, para las memorias y otras obras de semejante corte.

Como sugerimos en otro apartado de este libro, cuantas menos intromisiones haga el autor en el desarrollo creativo de sus personajes, tanto mejor.

## Unas palabras más sobre el punto de vista

Existe todavía un tercer modo de manifestar el punto de vista del escritor: la segunda persona.

Esta fórmula suele ser menos corriente que las anteriores y encierra ciertas dificultades técnicas. Entre las limitaciones que presenta merece la pena destacar la falta de frescura que conlleva. Es una forma que se suele emplear más en obras de teatro.

Pese a las dificultades que encierra narrar la obra en segunda persona, algunos escritores de talla, aunque escasos, no han dudado en utilizarla. Italo Calvino, por ejemplo, la empleó con notable éxito en su famosa novela *Si una noche un viajero*.

El original punto de vista de Italo Calvino fue utilizado también por un joven escritor americano, Jay McInerney, quien alcanzó cierto éxito con su novela *Bright Lights, Big City*, si bien su trayectoria como escritor no se puede comparar con la del autor italiano.

No obstante, son muy pocos los escritores que optan por la segunda persona. Y esa moda —vamos a llamarla así— no tiene muchos seguidores dada no sólo la dificultad sino también la frialdad que genera el indiscutible distanciamiento. Hay que tener en cuenta además que el «tú» termina por cansar al lector y, como decimos, no le acerca mucho a la obra.

 ***Vigílese la expresividad y autenticidad del punto de vista que se adopte.***

Sucede también —y en no pocas ocasiones, sino se está muy al tanto de lo que se escribe— que el autor cambia el punto de vista en el transcurso de unas pocas líneas, o de unos párrafos. Esta alteración crea desconcierto en el lector que, de golpe, no sabe muy bien dónde se encuentra.

«Pero ¿quién me está contando esta historia?» puede preguntarse. Y esto no es muy aconsejable si queremos mantener el interés en nuestra obra.

Hay autores —algunos escritores americanos actuales, por ejemplo— que han empleado acertadamente en sus obras una combinación de primera y tercera persona. Para ello es necesario que utilicemos esas voces —esos puntos de vista— en capítulos diferentes; de lo contrario, como ya se ha dicho, se creará una inevitable confusión en el lector. El recurso de incluir en el desarrollo de la obra cartas o diarios —de los que hablaremos más adelante— constituirá un buen apoyo para el empleo de ambas voces. De este modo podemos comprobar también con cuál de las voces nos sentimos más cómodos.

El punto de vista es, en resumen, el enfoque que el autor quiere darle a su obra. Es la voz que nos cuenta la historia y esa voz puede ser muy variopinta. Es en definitiva el autor el que debe escoger la voz con la que se sienta más vinculado, aquella que le brinde más posibilidades de comunicación con el lector la que deberá elegir para contar la historia.

## Los personajes

Sea cual sea la forma que se elija para la narración cada personaje debe poseer —y manifestar— sus propias características, sus propias motivaciones y objetivos. Son ellos los que permitirán al escritor la posibilidad de explorar y describir otras vidas; lo que hará que el lector se identifique con ellos, añadiéndoles determinadas características que los complementen y que sirvan al lector para que o bien los acepte —y se funda con ellos— o los rechace.

En toda obra literaria de ficción son precisamente los personajes los que le sirven de sostén y los que mueven la acción de la misma. En este sentido el autor deberá dejarlos en libertad, permitiendo que obren de acuerdo con su propia personalidad, que crezcan, se desarrollen y manifiesten conforme a sus propias premisas. Comprobamos así que el autor se ha convertido, gracias al arte literario, en una especie de demiurgo camuflado. Fascinante, ¿no?

**Cuidemos la originalidad que presentan los personajes.**

Es evidente, pues, que los personajes creados literariamente no pueden convertirse en seres acartonados, ni tampoco en meros reflejos de aquellas personas reales que conocemos. Han de tener su propia autenticidad. Y, ante todo, han de ser personajes creíbles para que el lector pueda conectar plenamente con ellos.

La pregunta que se nos presenta entonces es ¿cómo lograr esa credibilidad?

La creación de personajes es una labor delicada para todo autor, hasta el punto que se puede hundir una obra por culpa de una descripción demasiado detallada que se haga de ellos o, por el contrario, sumamente inocua e insípida.

Hemos de tener siempre presente que los personajes cumplen dos importantes cometidos: sirven de enlace entre los distintos momentos de la obra y constituyen la primera piedra imprescindible para captar el interés del lector. Éste, desde el primer momento, se sentirá unido a ellos o bien los rechazará de plano si no están bien diseñados.

 **Los personajes deben crecer e ir manifestándose de forma natural a lo largo de la obra.**

De la misma manera que nuestra obra —novela, relato breve, novela corta o texto dramático— ha de fluir por sus propios cauces, desarrollándose convenientemente según su propia dinámica, los personajes que creamos también deberán desarrollarse de forma natural y creíble a lo largo de las páginas.

Al referirnos a los personajes no nos resistimos a trasladar hasta aquí unas frases —¡tan acertadas!— de Ray Bradbury, el genial autor de *Farenheit 451*, en cuyo mundo visionario se refleja asimismo la nostalgia por unos recuerdos infantiles de una América ya perdida, y las pesadillas que puede llegar a producir una civilización tecnológica: «El escritor debe dejar que sus dedos desplieguen las historias de los personajes que, siendo humanos y llenos como están de sueños y obsesiones extrañas, no sienten más que alegría cuando echan a correr».

Echar a andar o a correr a su gusto: eso es lo que hemos de pretender que hagan, sin interferir en su marcha, los personajes de nuestra obra.

## Más sobre la creación de los personajes

Como ya hemos dicho, un punto que hemos de tener muy en cuenta a la hora de crear los personajes es saber dotarlos de una personalidad propia, y no hacer de ellos meras copias de ciertas personas conocidas. Es éste un punto delicado y que conviene matizar.

Los protagonistas —especialmente cuando se trata de una obra larga— han de mostrar a lo largo del desarrollo sus rasgos característicos mediante los diálogos, las reflexiones interiores —cuantas menos, mejor—, la relación que se mantiene entre ellos, sus disparidades, conexiones, etc. Esto no impide que podamos utilizar algunas peculiaridades tipológicas de personas que nos hayan impresionado por su personalidad, siempre que se sepa modificarlas y adaptarlas al personaje creado.

 **Dejar que los personajes, a través de sus diálogos, pensamientos y relaciones se vayan definiendo a sí mismos.**

Hemos de saber diferenciar y resaltar las características personales del protagonista, de forma que éste no quede oscurecido por los demás personajes de la obra. Esta caracterización de nuestro personaje principal nunca deberá caer en exageraciones. Revisemos este punto, cuidando de que su actuación a lo largo del texto no parezca rebuscada.

A menos que pretendamos dotar al personaje principal de unas características muy singulares —e, incluso, en ese caso—, no deberemos convertirlo en un ser poco creíble. La humanidad y verosimilitud de los personajes es un punto clave para que el lector se sienta interesado por ellos.

Con frecuencia, la propia dinámica de la obra va perfilando las características de sus personajes, por ello nunca hemos de explicarlos sino dejar que ellos mismos se vayan mostrando de acuerdo con la trama creada.

Recordemos que de nada sirve que, como autores, sepamos qué tipo de persona queremos que sean nuestros personajes si no logramos convencer de ello al lector.

 **_Es imprescindible cuidar la verosimilitud de los personajes creados._**

Alguien dijo en una ocasión que es conveniente escribir sobre aquello que realmente se conoce. Esto es cierto, pero sólo en parte. De todos modos, en lo que concierne a la creación de los personajes no es aconsejable alejarse demasiado de aquellas tipologías que conocemos, porque ellas nos proporcionarán la savia necesaria para configurar la esencia de las criaturas de nuestra obra.

## La caracterización

La caracterización de los personajes es algo a lo que todo autor deberá conceder mucha importancia. No olvidemos que la acción de toda obra viene dada por el carácter que muestren los personajes en ella. Y ese carácter —como un fenómeno de vasos comunicantes— se revela asimismo en la acción.

Es determinante que los personajes actúen siempre de una forma consecuente y justificada, ya que no se pueden dejar al albur y sin justificación sus acciones. (Establezcamos aquí la excepción de aquellas obras geniales en las que se pretende, precisamente, un efecto totalmente contrario, como es el caso de las creaciones literarias de un Rabelais, un Sterne o un Swift.)

Por consiguiente, las actuaciones de los personajes han de estar explicadas y motivadas, en buena medida, por su propia historia; una historia que no tiene por qué estar detallada minuciosamente —lo cual podría cansar al lector y restar frescura al texto—, pero que deberá quedar bien explicitada utilizando esporádicas descripciones, o bien acogiéndonos al recurso de los diálogos.

 ***Es imprescindible que exista consecuencia y justificación de las acciones narradas.***

Establezcamos, por tanto, cómo —y hasta qué punto— puede y debe actuar un personaje, ¿cuáles son sus motivaciones? ¿A qué impulsos obedece? ¿Qué perspectivas alberga? Estas aclaraciones que el lector demandará con toda lógica para poder vincularse de modo más íntimo a lo que está leyendo no se limitan exclusivamente al protagonista sino que deben estar presentes en el resto de los personajes de la obra.

Y una vez más hemos de insistir en que las motivaciones del personaje no han de constituir un fiel reflejo de los criterios personales del autor, sino que han de estar marcados por la propia dinámica que van generando los protagonistas en la obra.

De todo esto se deduce que si queremos dotar a nuestro texto de la necesaria coherencia, es necesario que establezcamos un adecuado equilibrio entre las motivaciones y las acciones de los personajes.

Así pues, esto es:

## Lo que SÍ conviene hacer:

- ✓ Tener claro lo que queremos contar, evitando todo aquello que pueda resultar superfluo y provoque distracciones innecesarias en el lector.
- ✓ Saber que el escribir la obra en primera persona vinculará de forma más directa al lector con lo que se le cuenta.
- ✓ Recordar que todo personaje debe tener y manifestar sus propias características.
- ✓ Olvidarse de escribir la obra en segunda persona.

✓ Si queremos evitar confusiones eliminemos en los diálogos el parecido entre diferentes voces.

Y

## Lo que NO conviene hacer:

✗ Distraer al lector con escenas o descripciones innecesarias.

✗ Crear personajes demasiado sofisticados y poco creíbles.

✗ Escoger un punto de vista que no podamos mantener a lo largo de la obra.

✗ Confundir la primera y tercera persona en el transcurso de la obra.

## Ejercicio

Compruebe cuál es el punto de vista que más encaja con su expresión literaria y escriba un par de folios —el posible inicio de un relato breve— en primera y tercera persona. ¿Con cuál de ellas se siente más identificado?

## Conclusión

El escritor creativo deberá:

▶ Mantener la tensión de la trama.

▶ No perderse en historias irrelevantes.

▶ Cuidar la realidad de los personajes.

## Nota a pie de página

Recordemos aquellas películas o aquellas historias que vimos o escuchamos en cierta ocasión y cuyo relato nos mantuvo en vilo. ¿Cuáles fueron los ingredientes que nos las hicieron interesantes? ¿Por qué? Como ya hemos dicho, en muchas ocasiones un simple recuerdo puede dar pie a un magnífico relato breve o a una novela corta.

# 10

# LA ATMÓSFERA DE LA OBRA LITERARIA

## Conseguir una ambientación acertada

Constituye un requisito fundamental para todo escritor crear la atmósfera adecuada en la obra que se está escribiendo, a fin de que el lector no tenga dificultad de integración en ella. Y esa atmósfera, es decir, esa ambientación apropiada del texto, no se conseguirá sin una buena descripción y una convincente utilización de los detalles.

La fuerza y la vitalidad que estén presentes en la obra escrita —tanto si se trata de una novela como de una obra de teatro— depende de la capacidad que tenga el autor para describir acertadamente el ambiente en que se desarrolla. A este respecto hay que insistir en la emotividad que se debe poner en el texto, pues ese elemento será el que habrá de crear también un determinado estado emotivo en los personajes.

 **Describir adecuadamente el ambiente que reine en la obra aumentará su fuerza.**

Al hablar de las sensaciones y emociones presentes en una obra, dice García Márquez que al lector hay que hacerle sentir, y no limitarse a informarle acerca de una sensación o de un sentimiento. Es mejor, por ejemplo, describir la insistencia con que nuestro personaje ve repetidamente su reloj en un determinado momento, que resolver la situación diciendo que Fulano estaba inquieto por la hora.

Saber crear en el lector sensaciones vivas es algo imprescindible para el escritor que pretenda hacer vibrar con el ambiente presente en la obra.

 **Es necesario hacer partícipe al lector de la situación que se narra.**

Por tanto, la oportuna ambientación de un texto debe servir para que el lector perciba y sienta lo que, en ese momento, está percibiendo y sintiendo el personaje. *Pero siempre hemos de evitar sugerir al lector lo que ha de sentir.*

Eliminemos, pues, todo tipo de manipulación impositiva, porque es el lector el que ha de crear su propio mundo, mientras lee lo que le estamos contando.

## Realidad y ficción

Como escritores no podemos olvidar que si bien la realidad en la que nos encontramos inmersos —ya se trate de los hechos que conocemos, de los personajes interesantes que hayamos tratado, de nuestra propia circunstancia biográfica, etc.— representa el material que nutre nuestra imaginación, no hemos de limitarnos a copiar simplemente esa realidad, por sugerente que sea.

Es necesario que el escritor sepa reelaborar esa realidad circundante, dotándola de la coherencia necesaria, modificándola, construyendo la propia historia, aunque ésta se encuentre basada en los datos que conoce. Porque la labor de todo escritor debe consistir fundamentalmente en transformar ese mundo real en un mundo de ficción.

 **Transformar la realidad en ficción: un buen trabajo para todo escritor.**

Es muy grande el número de escritores renombrados que se han valido de hechos reales para construir sus novelas. Desde Shakespeare, Cervantes, Lope de Vega o Calderón, pasando por los escritores del romanticismo (Stendhal, Bronte, etc.) y del realismo del siglo XIX (Dickens, Dostoiewski etc.) hasta nuestros días (Hemingway, Fitzgerald, Le Carré, etc), son muchos los que no han tenido inconveniente en tomar hechos reales —personajes o apuntes biográficos— como argumento para sus obras. También nosotros podemos hacer lo mismo. Pero ¡ojo! Al crear un mundo de ficción construido sobre esos datos reales hemos de hacerlo respetando la coherencia y la verosimilitud de la historia.

Lawrence Durrell pone en boca de uno de los personajes de su *Cuarteto de Alejandría* la afirmación de que hay tantas realidades como uno quiera imaginar. Pero como ya se ha dicho, la labor del escritor es hacer verosímil esa irrealidad-real.

 **La coherencia es el elemento imprescindible al recrear la realidad.**

Porque sólo mediante la adecuada conexión de unos hechos con otros podrán acercarse los lectores a la historia que se les cuenta. Y todo ello al margen, por supuesto, de la verosimilitud que pueda haber en los hechos contados.

## Más sobre la realidad de la obra literaria

Si estamos escribiendo una obra de ficción —ya sea novela, relato corto u obra de teatro— la transformación de la realidad constituye uno de los grandes desafíos del escritor. Pero es un reto que bien vale la pena mantener.

Repitamos que la coherencia del relato, la adecuada construcción de los personajes y la elaboración armónica de la trama son los puntales que nos permitirán hacer verosímil lo que consideraríamos inverosímil en otras circunstancias.

Robert Garaudy, serio estudioso del tema, afirmaba que un realismo resulta insuficiente si no reconoce como real más que aquello que pueden percibir los sentidos y que la razón puede explicar. Porque, como él muy bien decía, la realidad propiamente humana es también todo lo que no somos todavía, todo lo que proyectamos ser mediante el mito, la esperanza, la decisión y el combate. El escritor creativo, el escritor sin fronteras, ha de esforzarse en lograr para su obra un realismo total, sin orillas concretas.

 **El escritor creativo ha de lograr en su obra un realismo que no se limite a lo que tan sólo es percibido por los sentidos.**

¿Por qué unas obras literarias nos parecen verosímiles, sean cuales sean los hechos que en ellas se cuentan, y otras no? Pues, digámoslo una vez más, por la fuerza de la coherencia, por el tono general que se ha conseguido en la obra.

Pongamos un ejemplo: cuando leemos *Cien años de soledad* aceptamos sin poner objeciones que una joven sea tan guapa que, sólo por esa cualidad, logre elevarse al cielo. Es el talento de García Márquez el que consigue que ese episodio fantástico nos parezca algo natural dentro de ese mundo cerrado que es la novela.

Abundando en este punto, Maupassant escribía en pleno siglo XIX lo siguiente: «El escritor realista, si es artista, no buscará darnos una trivial fotografía de la vida, sino una visión de ella más plena, aguda y convincente que la realidad misma... Ser verdadero consiste en dar plena ilusión de verdad. Así pues, los realistas de talento debieran ser llamados, más bien, ilusionistas. *Es pueril creer en la realidad cuando cada uno de nosotros lleva su propia realidad* (el subrayado es nuestro). Los grandes artistas son los que imponen su ilusión particular a la Humanidad».

## La ambientación

Elemento muy importante en toda obra literaria —y más especialmente si hablamos de la novela— es la ambientación con que la dotemos. Ella nos servirá para hacer que el lector participe en la historia y en el universo que le estamos narrando.

Si el diálogo de los personajes —y los detalles que rodean ese diálogo— sirve en buena medida para que el lector se identifique con ellos, la ambientación adecuada constituirá el elemento necesario para que le hagamos vibrar y emocionar.

 *La ambientación es un elemento muy necesario para construir la atmósfera de la obra.*

Sentimientos, sensaciones y emociones no tienen por qué explicarse detalladamente sino que ha de lograrse que sea el lector quien los perciba, los sienta, los viva a la par que el personaje. Ésa es la única forma de conseguir la atmósfera y el ambiente necesarios.

Y tengamos presente que para lograr la ambientación adecuada de nuestra obra no es necesario que abundemos en descripciones que, por lo general, sólo sirven para interrumpir o ralentizar la acción.

Será más válido que ofrezcamos al lector el ambiente que rodea a los personajes mediante las acciones que desarrollan que estableciendo calificaciones. Siempre será más acertado mostrar al personaje que estudia cuidadosamente los rostros y reacciones de quienes le rodean, para saber si creen lo que les está contando, que afirmar rotundamente la incredulidad de sus interlocutores.

Y en estos casos —como en tantos otros pasajes de la obra— *evitemos utilizar adverbios aclaratorios y, seguramente, innecesarios.*

## La importancia de la información

La información representa un elemento necesario si queremos que nuestra obra resulte creíble. Sin ella resultará muy difícil entretejer de forma adecuada la realidad y la ficción. Pero, seamos cautos. Un exceso de información o de documentación —como prefiramos nominarla— puede resultar perjudicial para el buen desarrollo de la historia, incluso cuando se trate de una novela histórica u otra de corte más o menos científico.

 **Saber dosificar la documentación que se posea es requisito imprescindible para no cansar al lector.**

Olvidémonos, pues, de imitar a aquellos escritores famosos a los que no les importó abundar en datos informativos en sus obras. El hecho de que Herman Melville, por ejemplo, se alargue a la hora de hablarnos de la pesca de las ballenas en *Moby Dick*, o que Thomas Mann nos describa meticulosamente las particularidades de la tuberculosis en *La montaña mágica* no debe servirnos de excusa para que nosotros hagamos algo parecido. Al fin y al cabo, ellos eran maestros a la hora de equilibrar el ritmo de sus obras.

Hay muchas probabilidades de que no podamos equipararnos en nuestra primera, o primeras, obras a la calidad de sus textos ya clásicos; y, sobre todo, nos resultará un tanto difícil establecer el ajustado equilibrio entre descripción y narración que hay en esas espléndidas novelas. Por consiguiente ¡cuidado! a la hora de manejar la documentación de que dispongamos.

Cometeríamos un craso error si quisiéramos deslumbrar al lector con nuestros conocimientos técnicos (adquiridos exclusivamente para la ocasión) sobre astrofísica o sobre el cultivo del azafrán, pongamos por caso.

## Unidad y orden en la estructura narrativa

Si la documentación y la información son herramientas necesarias para la creación de toda obra literaria (como expondremos más adelante), existe un elemento que resulta imprescindible si queremos llevarla a buen término: la estructura. Sin ella todos los esfuerzos que hagamos para dar coherencia a nuestra obra serán baldíos. La estructura requiere ante todo orden y unidad en el material escrito. Podemos disponer de determinadas ideas sobre el tema que vamos a tratar. Incluso pueden ser buenas ideas. Pero es necesario que sepamos organizarlas, ordenarlas y estructurarlas a fin de que lo que se dice tenga consistencia y verosimilitud.

 **Vigilemos especialmente en nuestra obra su unidad estructural.**

No solamente en la obra de ficción, ya se trate de novela —larga o corta— u obra de teatro, sino en cualquier clase de trabajo literario, el desarrollo de la obra requiere esas tres partes fundamentales que, desde siempre, constituyen su cuerpo: planteamiento, o inicio, nudo o desarrollo, y final o desenlace.

De estos tres elementos básicos hablamos anteriormente. Ahora vamos a referirnos a ese hilo conductor que establece la ordenada conexión entre las tres partes.

Obvio resulta decir que lo que pretende todo escritor es que los lectores se interesen por su obra. Y para que esto suceda es imprescindible que ese lector sepa en todo momento en qué punto de la obra que está leyendo se encuentra, y que, al mismo tiempo, la trama estimule su interés por lo que pueda acontecer seguidamente. Por ello es necesario que exista orden en la estructura de lo que se cuenta, al margen de la verosimilitud de lo que se esté contando.

## La estructuración armónica

Para lograr el orden y la armonía que necesita toda obra literaria se requiere el ordenamiento del material que la compone, de acuerdo con lo que, naturalmente, exige la trama. Esta exigencia —que es fundamental— no tiene por qué verse sometida a un riguroso orden cronológico, ya que caben múltiples variantes en el desarrollo. Pongamos un par de ejemplos.

Cortázar, en su magnífica novela *Rayuela* establece un orden en el que se entrecruzan distintas voces; en ocasiones, y a través del protagonista, que habla en primera persona, se van entrelazando las voces, los diálogos, los comentarios y citas que realiza el autor. Todo ello conforma una especie de ensamblaje, de *collage*, que va construyendo la trama de la obra. Incluso el autor sugiere dos formas de lectura de la novela: la primera es leerla siguiendo el orden convencional de los capítulos; la segunda propone una lectura de acuerdo con una determinada secuencia de capítulos. Pese a ello, toda la trama argumental posee una perfecta armonía. Ciertamente se trata de una obra original y rompedora, pero cuyo ensamblaje es perfecto.

 **Toda obra literaria necesita una conveniente y armónica estructura.**

Doscientos años antes, el novelista angloirlandés Laurence Sterne escribió con su *Tristram Shandy* una obra espléndida, compleja, ingeniosísima y poco definible que puede leerse abriendo el libro por cualquier parte. El lector siempre se quedará maravillado ante la riqueza y genial humor que reinan en sus páginas. Javier Marías —que tuvo la excelente idea de ser su traductor— afirma que no cree «haber aprendido más sobre el arte de la novela que durante su traducción».

Hemos puesto dos ejemplos de obras verdaderamente excepcionales en las que el ordenamiento clásico de inicio, desarrollo y desenlace ofrecen creativas y sorprendentes variantes. Pero todo ello no invalida lo que ya hemos dicho sobre la necesaria armonía que debe presidir el conjunto.

Así pues, repitamos que la estructura, o la trama, de una novela —y podríamos decir que de cualquier obra literaria— no tiene por qué estar sometida al rigor de un ordenamiento convencional. Lo que siempre es imprescindible es que sus partes se encuentren interconectadas de modo adecuado y armónico.

## Articulando el conjunto de la obra

En toda escritura creativa —especialmente si se trata de una obra de ficción— el conjunto de lo que se relata debe estar al servicio de la acción, ya que es ésta la que fija y establece la conexión entre las diferentes situaciones.

Se trata de una conexión que, partiendo de una acción principal, se ramifica hacia otras secundarias, interconectando sus diferentes desarrollos a fin de crear el ritmo de la obra.

El planteamiento de esta conexión debe partir de una situación inicial, la cual, una vez debidamente desarrollada —mediante los distintos conflictos, hechos y acontecimientos de la trama—, desencadena un final lógico.

En una obra de estructura literaria convencional —es decir, en la mayoría de las novelas, relatos, obras de teatro e incluso biografías y ensayos que conocemos— siempre existe un hecho que encadena y justifica la aparición del siguiente. Es el hilo conductor de la historia que deberemos respetar.

 *Cuidemos siempre la correcta conexión entre los diferentes acontecimientos que constituyen la trama de la obra.*

La articulación de los acontecimientos que se van desarrollando en la obra que estamos escribiendo —y que deben tener entre ellos una relación de causa-efecto— son los que, además de proporcionar una adecuada ordenación al texto, representan un elemento clave para mantener el interés del lector. Y en esta articulación o conexión de los acontecimientos consiste fundamentalmente una buena trama. Sin ella la obra no será más que un conjunto de acontecimientos o de historias deslavazadas que, de hecho, pueden confundir al lector.

Pero no debemos olvidar que ese hilo conductor que representa el eje de la historia tiene que sustentarse en el conocimiento básico de lo que se quiere contar. Tanto si se trata de una novela como de cualquier otro tipo de obra literaria nunca deberemos caer en el error de escribir innumerables páginas sin saber muy bien qué queremos contar.

Así pues, el escritor creativo deberá tener en cuenta:

## Lo que SÍ conviene hacer:

✓ Conseguir una ambientación convincente.
✓ Crear en la obra un realismo sin limitaciones.
✓ Transformar adecuadamente la realidad en ficción.
✓ Disponer de una acertada información.
✓ Establecer correctamente la estructura narrativa.

Y

## Lo que NO conviene hacer:

✗ Alterar o descuidar la documentación.
✗ Romper el hilo conductor de la obra.
✗ Desechar elementos reales útiles para la ficción.

---

### Ejercicio

Escriba un relato muy breve —de dos o tres páginas— basado en un hecho real, y altere notablemente los datos que lo conforman. ¿Sigue teniendo visos de verosimilitud lo que ha escrito o, por el contrario, le resulta absolutamente increíble?

---

## Conclusión

Por tanto, la escritura creativa requiere:

▶ Una abundante documentación.
▶ Vigilar la coherencia del relato.

▶ Cuidar la estructura narrativa.

▶ Vigilar cuidadosamente la ambientación de la obra.

▶ Saber recrear la realidad.

## Nota a pie de página

No tengamos inconveniente en estudiar a los autores clásicos —pasados y presentes— observando la estructura que han empleado en sus obras. Busquemos aquellos escritores que, aparentemente, han creado fracturas en el texto (Faulkner, Joyce, Cortázar) y comprobemos hasta qué punto han sabido con ellas —o a pesar de ellas— mantener un perfecto eje conductor.

# CUARTA PARTE

# 11

# EL RELATO BREVE Y LA NOVELA CORTA COMO FORMAS LITERARIAS

## El relato breve: una opción acertada

Una de las mejores maneras de iniciarse como escritor de ficción muy bien pudiera ser el relato o la novela corta.

Trataremos de escoger un relato que tenga la suficiente extensión como para que nos permita construir el carácter de los distintos personajes, establecer convenientes diálogos y desarrollar la trama. También cabe la posibilidad de escribir una novela corta que no va a llevarnos más allá de ochenta o cien páginas.

Existen muchos y reconocidos escritores que escribieron magníficos relatos —de hecho, pocos son los grandes autores que no los tienen en su haber— si bien mencionaremos en este momento a Marguerite Yourcenar con sus *Fuegos* y *Cuentos orientales*, a Truman Capote con *El arpa de hierba*, a J. L. Borges con sus *Ficciones* y *Artificios*, a Oscar Wilde con los deliciosos cuentos incluidos en *La casa de las granadas*, o los exquisitos relatos breves de *El rey de la máscara de oro* de Marcel Schwob.

Entre las muchas y excelentes novelas cortas podríamos destacar *La muerte de Iván Illich* de León Tolstoi, o la magnífica *Retrato del artista adolescente* de James Joyce.

**La atenta lectura de relatos breves de escritores reconocidos facilita la creación de la estructura de los propios.**

El relato corto, debido precisamente a su brevedad y concisión, entrena al escritor para escribir posteriormente obras más largas. El escritor y crítico inglés V. S. Pritchett afirmaba que si bien la novela tiende a contarnos todas las tramas y subtramas de las historias existentes en ella, el relato corto nos cuenta tan sólo una historia, pero lo hace de forma intensa. En realidad podría decirse, para emplear un símil muy plástico, que el relato corto pone a prueba y flexibiliza la «musculatura» del escritor.

Las raíces del relato corto las podemos encontrar en los viejos cuentos que enriquecen nuestro folklore, en las fábulas —tanto orientales como occidentales— y hasta en los cuentos de hadas.

 **El relato corto constituye una buena forma de entrenamiento para el escritor.**

Y, por su puesto, no cometamos la torpeza de considerar este tipo de literatura como un género menor.

## La técnica del relato breve

Una de las particularidades del relato corto es que el autor no necesita explicar detalladamente lo que sucedió antes, o lo que pueda suceder después en el argumento. Es el momento presente el que cuenta y es la fuerza de las imágenes con que lo vistamos la que habrá de hacer mella en la mente del lector.

En este tipo de obras habrá de considerarse, sobre todo, lo que dijo un crítico literario a este respecto: el escritor de relatos breves debe esforzarse en tener una forma precisa y única de mirar las cosas, y en encontrar el contexto adecuado para expresar esa forma de mirar.

En eso consiste justamente la técnica ideal de este género literario —y también la de la novela corta—, en descubrir en el transcurso de pocas páginas el punto de vista personal y original que tiene el autor sobre algo; algo con lo que se pueda distinguir la visión propia de cualquier otra.

 **La concisión es una de las características que se han de tener más presentes en todo relato breve.**

Evidentemente, cada obra exige una determinada extensión ya se trate de un relato, una novela larga o una novela corta. Pero, como es natural, no es sólo la extensión lo que diferencia estos tres géneros sino también, y muy significativamente, la intensidad y la condensación que pueda mostrarse en ellos, que son —de forma muy específica— las características de todo buen relato. Y así, mientras en una novela larga el autor establece digresiones y establece desvíos en el argumento y la trama, en el relato breve se atiene a un incidente central, núcleo del relato, sin que existan mayores desvíos.

Repitamos que en el relato, al igual que en la novela corta, la brevedad reclama concisión. Las descripciones pormenorizadas y la inclusión de subtramas que no estén directamente vinculadas con el tema principal están prohibidas.

## Cómo iniciar un relato

Para evitar ese momento tan delicado del enfrentamiento con la hoja en blanco, un buen recurso consiste —recordando lo que se ha dicho sobre la conveniencia de llevar un diario— en retomar una imagen que se nos haya quedado grabada en la imaginación, un incidente, un recuerdo y, a partir de ahí, desarrollar el relato. Con ello nos evitaremos una buena cantidad de tiempo, tratando de buscar el argumento adecuado.

Como se dijo anteriormente es necesario lograr que los primeros párrafos —incluso el primero, o hasta la primera frase— atrapen al lector. Si esta norma es importante en toda novela, mucho más lo es cuando se escribe un relato breve.

**Si acertamos escogiendo una frase que atrape al lector desde el principio habremos optado por la mejor fórmula.**

Veamos un par de ejemplos:

«De acuerdo con la ley, la sentencia de muerte le fue anunciada a Cincinnatus C. en voz muy baja.»

Así da inicio Vladimir Nabokov a su obra *Invitado a una decapitación*, un relato cuya trama posee una fuerza narrativa tal que mantiene al lector en un estado de suspense hasta la última página.

«No creo en Dios, pero le echo mucho de menos», dice el siempre ingenioso Julian Barnes al iniciar su *Nada que temer*.

En ambos casos es seguro que el lector se sentirá atrapado con estas frases que poseen un auténtico gancho.

**Digámoslo una vez más. La atracción de las primeras frases es un punto clave en todo relato breve.**

Por lo general, el lector puede sentirse cansado si nos extendemos en descripciones (tengamos en cuenta que la disposición mental que se tiene para leer un relato breve no es la misma que la adoptada para enfrentarse a una novela de 500 páginas). Por ello es conveniente introducir al lector rápidamente en la historia.

**Los diálogos, la acción y los personajes también deben ser ágiles para captar rápidamente la atención del lector.**

## Características del relato corto

Creemos haber dicho ya que el relato breve requiere precisión, más que ningún otro género literario. El lector necesita saber lo que está sucediendo —introduciéndose de forma inmediata en la acción— sin tener que dedicarle mucho tiempo a la lectura. No es lo mismo decir (ni seguramente lo más acertado): «Juan salió de aquella casa oscura y de ingrato recuerdo», que «Juan salió de aquella casa».

El lector de hoy día suele cansarse de las descripciones extensas, por lo que es conveniente que, especialmente en el relato breve, se le introduzca de forma rápida y con la mayor economía de medios en el tema.

En tal sentido resulta más entretenido para el lector que se le revele el carácter del personaje a través de una breve descripción de cómo se mueve, piensa o siente que con detalles minuciosos e innecesarios acerca de su persona.

**El relato corto no permite divagaciones acerca de situaciones o personajes.**

Como anécdota memorable al hablar de las características del relato corto merece la pena mencionar aquí el famoso microrrelato de Augusto Monterroso, el escritor guatemalteco autor de *El dinosaurio*. Su archiconocido texto es el siguiente: «Cuando despertó, el dinosaurio todavía seguía allí».

Este brevísimo relato, uno de los más cortos que se hayan escrito jamás, contiene una serie de elementos que ofrecen, en sus siete palabras, múltiples y muy variadas referencias (además de todo un mundo de ensoñación). Como el mismo autor aseguró: «Sus interpretaciones eran tan infinitas como el universo mismo».

**En una novela corta o en un relato las descripciones han de ser lo más breves y concisas posible.**

## Desarrollo del relato

Hemos hablado sobre cómo iniciar una obra, ese momento tan delicado y comprometido que, muy posiblemente, servirá de piedra de toque al lector para indicarle la calidad y el interés que puede ofrecerle el relato que está leyendo. Pero ¿cómo se habrá de desarrollar y, punto muy importante, cómo se habrá de concluir la obra?

El papel del narrador —tanto si se ha escogido el punto de vista de la primera, tercera, o más raramente, de la segunda persona— es el de informar con claridad al lector de lo que sucede a sus personajes y en qué momento se encuentra él dentro de la historia que se le está contando.

Como ya se ha dicho, el escritor no debe inmiscuirse en el relato, dejando siempre que sean los personajes del mismo los que narren, creen, expresen y realicen cuanto se desarrolla en la obra. Así pues, será el narrador el que con su temperamento irá creando la duda, la curiosidad, la incertidumbre o el temor que han de servir de acicate para que no decaiga el interés del lector por lo que está leyendo.

Sucede a veces que el autor cambia el punto de vista en el transcurso de unas pocas líneas. Esta alteración crea no poco desconcierto en el lector que, de golpe, ve interrumpido el curso de los pensamientos del personaje y no sabe quién está hablando en ese momento. A veces semejante alteración puede producirse con una sola palabra que aleja al lector de su fusión con el personaje. Es necesario respetar siempre el punto de vista que se ha escogido.

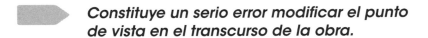

*Constituye un serio error modificar el punto de vista en el transcurso de la obra.*

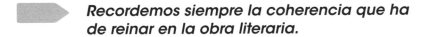

*Recordemos siempre la coherencia que ha de reinar en la obra literaria.*

## Puntos esenciales del relato

Puesto que la novela corta, o el relato breve, pueden representar en cierto modo una forma de experimentación literaria para el autor, es muy importante aprender a generar una buena dosis de tensión en su desarrollo, ya que esa tensión narrativa constituye un elemento clave.

Pero no hemos de olvidarnos tampoco de que si bien en la novela larga el autor debe, entre otras cosas, amplificar el argumento a fin de que el lector vaya adentrándose en él —muchas veces mediante descripciones y detalles que le hagan vibrar; otras veces mediante subtramas—, en el relato breve hay que evitar distraerle con escenas y exposiciones innecesarias.

 *La tensión, la intensidad y la síntesis han de ser las características fundamentales del relato breve o de la novela corta.*

No obstante hay otras diferencias entre una novela convencional y un relato breve, un cuento o una novela corta, de las que hablaremos seguidamente.

## Elementos diferenciales entre una novela larga y un relato o una novela corta

La estructura básica de una obra literaria —ya se trate de una novela, larga, corta, o de una obra dramática— es, desde los tiempos de Aristóteles, siempre la misma: inicio (en el que se establece el tema o el posible conflicto), desarrollo y final.

Sin embargo existen pautas de técnica y de estilo que establecen una clara diferencia —y que se deberán tener muy en cuenta— entre una novela larga y un relato breve. En este último es necesario considerar que la tensión narrativa representa un elemento clave; hay que hacerle ver al lector que va a suceder algo de forma inminente, que los acontecimientos se van a desencadenar de modo interrumpido.

***Concisión y concreción: dos elementos básicos de todo relato breve.***

Ya hemos dicho que si bien la novela larga admite diferentes subtramas, desvíos y digresiones, la novela corta —y sobre todo el relato breve— tiene que mostrar una mayor concreción. No se puede distraer al lector con descripciones y escenas innecesarias. Por lo tanto, si en la novela se puede y se debe ampliar el proceso narrativo, en el relato corto hay que contar una acción contenida, evitando cargarlo con sucesos y acontecimientos innecesarios.

Veamos por tanto:

## Lo que SÍ conviene hacer:

✓ Escribir relatos cortos es un buen ejercicio para el escritor debido a que en ellos se requiere brevedad y concisión.
✓ Esforzarse en mostrar una forma precisa de mirar las cosas.
✓ Recordar la concisión de los detalles cuando se escriban relatos breves o novelas cortas.
✓ Retomar una imagen que se nos haya quedado grabada para desarrollar el relato.
✓ Economizar los medios de expresión y evitar descripciones ex tensas.

Y

## Lo que NO conviene hacer:

✗ Distraer al lector con escenas o exposiciones innecesarias.
✗ Inmiscuirse en el relato impidiendo que sean los propios personajes los que cuenten y realicen lo que se desarrolla en la obra.
✗ Abundar en detalles que no sean capitales.

## Ejercicio

- Escójase una escena vivida, el retazo de un sueño, un recuerdo o una historia que le haya impresionado y transforme esos elementos, construyendo en pocas páginas un relato.
- Revise lo escrito y suprima todo aquello que encuentre innecesario.

## Conclusión

- El relato breve y la novela corta constituyen dos buenas opciones para entrenarse en el mundo de la escritura.
- Los primeros párrafos del relato deben atrapar al lector.
- Seleccionar «el punto de vista» más conveniente para el relato que se está escribiendo.
- La concisión debe ser la norma en el relato corto.

## Nota a pie de página

Tengamos presente que hay relatos cortos que tienen más valor literario que muchas novelas extensas. ¿Es que ya nos hemos olvidado de que las mejores esencias se guardan en frascos pequeños? A la hora de la creación literaria está fuera de lugar valorar la obra por su extensión o por su complejidad. Valga como ejemplo *Pedro Páramo*, la obra de Rulfo, cuya extensión no supera las 130 páginas y que constituye todo un hito de la literatura universal.

# 12

# OTROS GÉNEROS LITERARIOS: EL TEATRO

## A modo de introducción

Aseguraba el excelente dramaturgo Peter Brook que para el autor, y por supuesto para el actor, en el teatro «la palabra supone una pequeña parte visible de toda una inmensa formación invisible». Una afirmación muy acertada. Pero como con estas líneas no pretendemos dar un curso de formación teatral, vamos a limitarnos a hablar muy sucintamente de esa «pequeña parte visible que es la palabra».

El escenario es un medio imaginativo que sirve para conjurar imágenes en la mente del espectador. Es éste quien tiene que recrear el mundo que no se muestra. Pongamos un ejemplo:

En el prólogo de *Enrique V*, de Shakespeare, el Coro hace esta pregunta: «¿Podrá este pequeño espacio contener los vastos campos de Francia?», invitando al espectador con estas palabras a que se imagine la presencia de un gran ejército en el escenario, cuando solamente estamos viendo en él a un soldado.

Por consiguiente, en el teatro es el lenguaje empleado por los actores —y la ilusión que sus palabras fomentan— lo que crea en el espectador una serie de imaginaciones sobre lo que no se ve, pero puede imaginarse.

 **El poder de la obra teatral radica en la capacidad de sugestión de su texto.**

Si en una obra literaria —una novela, pongamos por caso— el autor tiene el talento suficiente para atrapar al lector mediante el argumento y la trama de lo que se narra, el poder de la obra teatral radica en la sugestión de las palabras que escuchamos a los actores, en mucha mayor medida que en lo que estamos viendo en la escena.

En definitiva, el teatro es un acontecimiento vivo, una experiencia que se comparte —o que debe compartirse, si la obra es buena— entre los actores y los espectadores.

## La fuerza de la acción

No es probable que el lector de la obra de teatro que hayamos escrito se la lleve a la cama para, bien acurrucado bajo las mantas, entregarse a una apasionada lectura del texto. No. Lo que hemos escrito está pensado para ser representado y no para ser leído. (Aunque también cabe la remota posibilidad de que existan amantes entregados de lleno a la lectura teatral en solitario.)

Reconocer las auténticas y singulares propiedades que ofrece la obra teatral nos permitirá indagar en su potencial, evitándonos ese defecto propio de todo autor dramático principiante, que consiste en escribir obras en las que abundan largas charlas por parte de los actores que, cómodamente sentados en sus butacas, se entregan a interminables soliloquios. Las cabezas parlantes —las *talking heads*, que dicen los anglosajones— tienen poco que hacer en una buena obra de teatro.

 *Tratemos de evitar largos parlamentos en la obra dramática, sirviéndonos más bien de la acción que de las palabras.*

Si nos es posible, vayamos a una sala de teatro vacía y sentémonos en diferentes lugares del patio de butacas. Impregnémonos de la atmósfera, del espacio, de todas las características del lugar en que nos encontramos. Intentemos decir en voz alta parte del texto que hemos compuesto. Imaginémonos ahora el teatro lleno y a los espectadores pendientes de lo que se dice en el escenario, o sea, de lo que hemos escrito en nuestra obra.

Declaraba Molière que todo lo que se necesitaba para una buena obra teatral era un pequeño tablado y un par de pasiones humanas. Por consiguiente, no es necesario —incluso es inadecuado— que escribamos largos parlamentos para nuestros actores; porque no debemos olvidar que la palabra «drama» significa acción.

David Mamet, el conocido director de teatro y de cine, establecía un curioso nexo de unión entre las obras dramáticas y los cuentos de hadas porque, a su juicio, en uno y otro caso tanto los personajes como las situaciones se presentan a medida que se van produciendo. Aseguraba que la labor esencial de toda obra dramática consistía en que el espectador suspendiera todo tipo de juicio razonado, mientras veía la obra, y se dejase llevar por los acontecimientos que se le estaban mostrando. En pocas palabras: vivir la acción, que es la que debe mandar.

## Diferentes tipos de obra dramática

Cosa muy diferente es escribir una obra de tesis, en la que no sea precisamente la acción lo que cuente sino el contenido de lo que se dice. En este sentido obras maestras como *Esperando a Godot*, de Beckett, y, a otro nivel, *Cinco horas con Mario*, de Delibes, representan una clara excepción de lo dicho.

En el caso de Beckett los dos vagabundos, Vladimir y Estragón, esperan la llegada de un enigmático personaje que nunca aparece (y que podría considerarse como una metáfora de la inexistencia o de la condición inalcanzable de Dios).

La obra forma parte del llamado «teatro del absurdo», creado en gran medida por Ionesco, y lo que importa en ella no es la acción —que resulta inexistente— sino los diálogos entre los dos personajes y el efecto que produce en el espectador la enigmática atmósfera que reina en la obra, proclive a múltiples interpretaciones.

Por lo que se refiere a la obra de Delibes, el largo monólogo interior que mantiene la desconsolada viuda supone una cierta innovación técnica ya que la actualización de los recuerdos, vivencias, añoranzas y disparidades habidas en vida con el esposo ahora muerto sirven para hacer una aguda disección de la mentalidad tradicional.

Pero, en todo caso, estas dos geniales obras —como alguna otra que podría citarse— no constituyen más que la excepción a la regla: «El teatro, ante todo, debe ser acción».

## El tema en la obra de teatro

Así pues, en la obra de teatro tenemos una historia, que es lo que se cuenta, pero que constituye no más que el aspecto superficial del tema. Ésta es una de las características que distinguen la obra dramática del resto de los otros géneros literarios. En la novela, por ejemplo, la acción —y el objetivo de esa acción— se halla enteramente comprendida y manifestada en el desarrollo de la trama novelística. No sucede así en la obra de teatro, como veremos seguidamente.

Volvamos de nuevo a la obra de Beckett *Esperando a Godot*. ¿Qué es lo que el espectador ve en el escenario? Pues a dos vagabundos, Vladimir y Estragón, que están esperando impacientemente la llegada de un misterioso personaje que no acaba de aparecer.

 *En la obra de teatro es el tratamiento de los personajes y su conflicto personal lo que soporta la acción.*

Mientrastanto, esos dos únicos personajes hablan y hablan sobre la condición y demás características que pueda tener ese incógnito personaje, hacen conjeturas, reflexionan, se disgustan, etc. Pero en esto no radica el auténtico sentido y significado de la obra. Como ya hemos dicho, Beckett en esencia nos está hablando de la angustia existencial del ser humano, que nunca llega a descubrir la naturaleza inaccesible de Dios. El mismo nombre del individuo al que se espera, God-ot, es una deformación de la voz inglesa «God», dios. (Y si queremos rizar todavía más el rizo, la terminación *ot*, podría hacer referencia a las iniciales de Old Testament, el Antiguo Testamento.)

Lo mismo sucede con otras obras clásicas. En *Macbeth*, por ejemplo, Shakespeare nos está hablando de la ambición, o del sentido trascendental de la duda en *Hamlet*. Chejov apunta claramente a las desventuras del amor no correspondido en *El jardín de los cerezos*.

Brecht, en *Madre Coraje y sus hijos* nos habla del conflicto personal de esa mujer que recorre los caminos con su carrito, siempre con el telón de fondo de la Guerra de los Treinta Años, no para hablarnos de ese terrible conflicto que arruinó media Europa, sino para insistir en el drama personal de esa mujer llena de arrestos y picardía.

Y así podríamos seguir poniendo innumerables ejemplos.

## Los diálogos

Si en la novela, o en el relato breve, el diálogo constituye un ingrediente significativo, en la obra dramática representa un papel fundamental. Los estudiosos del tema hablan de tres funciones principales desempeñadas por el diálogo:

1. Plasma y da cuerpo a la acción.
2. Moviliza, haciendo progresar, la historia contada en la obra.
3. Revela, u oculta, el carácter de los personajes.

Algunos dramaturgos consideran al diálogo como un «comportamiento verbal», con lo que quieren significar que es algo más que un simple elemento que proporciona información al espectador.

En este sentido el dramaturgo en cierne podría tomar el diálogo como un ejercicio mediante el cual —y solamente con él— fuera trazando el carácter de sus personajes, creando situaciones y manteniendo y elevando el clímax de la obra.

**En toda obra dramática es necesario mantener el clímax. Y los diálogos constituyen su apoyo.**

*El diálogo ha de tener asimismo un punto de intriga*, y no limitarse exclusivamente a dar una información sobre lo que está sucediendo en la obra. Tengamos presente que con frecuencia se puede conocer mejor a los seres humanos por lo que callan en un determinado momento que por lo que dicen. Y para crear ese punto de intriga, fundamental en toda obra dramática, es aconsejable utilizar también un tipo de diálogo «indirecto», en el que es la acción la que en ciertas ocasiones puede sustituir a la palabra.

Finalmente no queremos dejar de citar lo que Fernando Cabo y M. Rábade afirman sobre el diálogo dramático: «El diálogo constituye, además, el eje de su incidencia en las dimensiones de la comunicación y de la persuasión dramáticas, hasta el punto de considerar el monólogo como una "excepción" con respecto a la norma de la representación».

Por consiguiente en toda obra de teatro se ha de tener presente:

## Lo que SÍ conviene hacer:

✓ Fomentar la sugestión que pueda producir el texto en el espectador.
✓ Cuidar el tratamiento de los personajes.
✓ Mantener el interés del espectador mediante los diálogos de los actores.
✓ Agilizar el contenido de los diálogos.

Y

## Lo que NO conviene hacer:

✗ Establecer barreras entre los actores y el espectador.
✗ Exponer unos personajes desdibujados.
✗ Convertir los personajes en «cabezas parlantes».

## Ejercicio

Escoja aquellas escenas que más le hayan gustado de su obra de teatro de preferencia y procure transformarlas dotándolas de una mayor —o menor— carga dramática.

## Conclusión

Por consiguiente, el autor dramático deberá:

▶ Crear un texto sugerente.
▶ Agilizar el contenido de los diálogos.
▶ Hacer recaer el peso de la obra en el conflicto que pueda existir entre los personajes.
▶ Mantener el clímax de la obra.

## Nota a pie de página

Tengamos siempre presente que la función del teatro, desde la época de los más antiguos clásicos griegos, consiste no sólo en catalizar la atención del espectador sino en fomentar en él una especie de catarsis, de depuración de sus propios sentimientos.

# 13

# LA POESÍA

## ¿Qué es poesía?

Hemos venido hablando hasta ahora de cómo ha de trabajar el escritor en el campo de la prosa. Pero ¿cuál ha de ser su trabajo en el terreno de lo poético?

Afirmaba el poeta y filólogo británico A. E. Housman que: «La poesía no es lo que se dice, sino *cómo* se dice».

Con mayor detenimiento Octavio Paz escribe: «La poesía es la revelación de la inocencia que alienta en cada hombre y en cada mujer y que todos podemos recobrar apenas el amor ilumina nuestros ojos y nos devuelve el asombro y la fertilidad. Su testimonio es la revelación de una experiencia en la que participan todos los hombres, oculta por la rutina y la diaria amargura. Los poetas han sido los primeros que han revelado que la eternidad y lo absoluto no están más allá de nuestros sentidos sino en ellos mismos».

Pero es que además de ser «la revelación de la inocencia que alienta en cada hombre y en cada mujer», según esta visión de Octavio Paz, la poesía no es solamente una forma de decir las cosas sino una forma de ser y, por supuesto, de vivir la existencia con sus múltiples pros y contras. Es asimismo un arte de sugestión en el que el lenguaje llega a sus niveles más intensos y mágicos.

Pero digámoslo claramente, la poesía es, ante todo, forma. Porque constituye un modo de diseñar el lenguaje de una manera especial, gracias a la cual se extraerá de las palabras un mayor placer y, también, un más profundo significado. Un poema que carezca de una forma escogida deliberadamente no es un poema. Se limitaría a ser un mero desbarajuste de palabras más o menos sugerentes

 **La poesía es, sobre todo, una forma de vivir y de expresar percepciones y sentimientos.**

Podríamos decir que la manera que mejor modela y forma la poesía es el sonido. Por ello, y en principio, la poesía está pensada para ser recitada en voz alta. Y, consecuentemente, uno de los elementos más fundamentales de su estructura —por no decir, el más fundamental— es el ritmo. El otro puntal es la rima.

## La rima

La rima es un elemento intrínseco a la musicalidad de la poesía. Es el componente que en gran medida soporta la composición, dotándola de pleno significado y del necesario énfasis. En esencia, constituye una ayuda magnífica a la hora de poder fijarla en nuestra memoria.

Veamos cómo lo dice —de la más bella y musical manera— Antonio Machado en sus *Nuevas canciones*:

> *Hoy te escribo en mi celda de viajero,*
> *a la hora de una cita imaginaria.*
> *Rompe el iris al aire el aguacero*
> *y al monte su tristeza planetaria.*

Cuatro versos en cuya rima el poeta —tras un somero apunte paisajístico— hace llegar al espíritu del lector ese sentimiento de apenada amargura que traspasa su alma.

La rima tiene dos variantes, ya que puede ser total o parcial. Las baladas y, por lo general, las canciones suelen emplear la primera forma, en la que se repite el mismo sonido al final de cada verso (leído/

reído, amado/buscado, etc.). Esta clase de rima debe trabajarse con mucha sutileza si no queremos hacerla demasiado pesada y repetitiva.

 **Escójase el tipo de rima que mejor encaje con nuestro temperamento.**

Actualmente los poetas no suelen utilizar este tipo de rima total, sino más bien la rima parcial, en la que se utilizan formas más delicadas de musicalidad, mediante versos que se limitan a terminar con idénticas consonantes (cantor/hablar, decir/montar, etc.).

Por último nos encontramos con lo que se denomina «rima interna», en la que se repiten los sonidos, pero totalmente insertados en el verso, como podemos comprobar en esta bella «Crónica, 1968», que forma parte del libro *El fulgor*, de José Ángel Valente:

*El que da una palabra da un don.*
*El que da un don deja vacío el aire.*
*El que vacía el aire coloniza la tierra.*

## Las imágenes

En la poesía, más que en ningún otro género literario, hemos de aprender a pensar, a sentir y, por supuesto, a expresarnos mediante imágenes. Y todo aquello que percibamos a través de los sentidos deberemos manifestarlo de una forma vívida, plástica, sugerente, a fin de que el lector llegue a experimentar lo que nosotros estamos sintiendo; o, al menos, se acerque a ello.

Recordemos que toda poesía debe ser una revelación, una epifanía, un deseo de hacer que las imágenes escritas muestren una realidad que, percibida por el poeta a través de los sentidos —y de los objetos reales— llegue a trascenderla y a sublimarla.

En este sentido una simple imagen puede revelar un sentimiento más profundo de cómo vemos el mundo y la vida. Mediante las imágenes no será necesario, por ejemplo, que utilicemos términos abstractos como «belleza» o «nobleza» que carecerán de debida fuerza, sino que nuestro reto como poetas es mostrar al lector *en qué forma* algo es bello o noble.

 **En poesía las imágenes constituyen el instrumento necesario para lograr la evocación.**

Por tanto, como poetas hemos de buscar, mediante las imágenes, estimular la imaginación de nuestros lectores, en lugar de dedicarnos a realizar una mera descripción de las cosas. El objeto no se encuentra «físicamente» presente en el tema del poema, pero nosotros lo evocamos para hacerlo más real. En esto consiste gran parte del trabajo.

## El soneto

Una de las composiciones poéticas más populares —y más clásicas— en la historia de la poesía es el soneto. Está compuesto por catorce versos endecasílabos (once sílabas) construidos en dos cuartetos y dos tercetos.

El soneto requiere que vigilemos la musicalidad de cada verso, respetando siempre su extensión. El problema que se puede presentar al poeta novel es que dada la estructura que se requiere para la composición se caiga en un efecto que parezca forzado.

El soneto constituyó una de las composiciones poéticas más empleadas en el Renacimiento, si bien grandes poetas italianos ya lo utilizaron anteriormente. Pero fueron Dante y, sobre todo, Petrarca los que dieron el máximo brillo a esta composición poética. Siglos más tarde, en Inglaterra, Shakespeare creó un personal esquema de rima poética en sus famosos sonetos.

 **Cuidemos no forzar el efecto musical del soneto.**

El Siglo de Oro español dio al mundo literario dos geniales sonetistas: Góngora y Quevedo. De este último no nos resistimos a incluir uno de sus más famosos sonetos:

*Cerrar podrá mis ojos la postrera*
*sombra que me llevare el blanco día,*
*y podrá desatar esta alma mía*
*hora a su afán ansioso lisonjera;*

*mas no, de esotra parte, en la ribera*
*dejará la memoria, en donde ardía;*
*nadar sabe mi llama el agua fría,*
*y perder el respeto a ley severa.*

*Alma a quien todo un dios prisión ha sido,*
*venas que humor a tanto fuego han dado,*
*médulas que han gloriosamente ardido,*

*su cuerpo dejará, no su cuidado;*
*serán cenizas, mas tendrá sentido;*
*polvo serán, más polvo enamorado.*

Soneto inmortal que Borges —otro sonetista de rango— no podía olvidar al hablar de Quevedo.

## El verso libre

Sin duda es ésta la forma poética más en boga en nuestros días. Hemos de tener presente en primer lugar que todo poema escrito en verso libre tiene su propia estructura, que se halla formada individualmente. En este tipo de composición poética uno de los factores clave es la extensión de cada verso.

Con la práctica iremos aprendiendo de forma intuitiva a formar esos versos para lograr una composición poética fluida que la dote de un mayor énfasis. Hemos de cuidar, asimismo, cuándo y por qué finalizamos cada verso y damos principio a otro nuevo. Si no lo hiciéramos así, el lector tendría la impresión de que hemos creado tan sólo un texto escrito en una prosa más o menos desmenuzada.

 **Vigilemos siempre el modo en que finalizamos cada verso.**

Por consiguiente, en la versificación libre es de gran importancia finalizar adecuadamente cada verso, estableciendo un nexo —una especie de trampolín— de unión entre ellos, de modo que el lector sienta interés por seguir leyendo.

Establezcamos la siguiente comparación:

*El pescador llegó con un cestillo de regalos, pescado para*
*que cocinaran las mujeres.*

con:

*El pescador llegó con un cestillo de regalos, pescado,*
*para que cocinaran las mujeres.*

Y comprobemos cómo en este último caso el primer verso termina limpiamente, y se ve reforzado por la nueva disposición del segundo.

Así pues, evitemos finalizar un verso con una preposición del tipo de «para», «por» o «con» que dejan el texto descabalgado, valga la expresión. Por el contrario, hemos de establecer siempre el nexo de unión, un paso adecuado de un verso a otro —o de una estrofa a otra—para que el poema fluya grata y libremente.

Así pues, veamos:

**Lo que SÍ conviene hacer:**

✓ Tener siempre presente que la poesía no es sólo una forma, más o menos bella, de decir las cosas.

✓ Escoger la rima más adecuada para el poema que escribamos.

✓  Si escribimos sonetos cuidemos de no forzar el efecto musical.
✓  En el verso libre vigilemos el modo en que finaliza cada verso.

Y

## Lo que NO conviene hacer:

✗  Utilizar formas preciosistas y edulcoradas.
✗  Emplear términos absolutos.
✗  Entregarse a metáforas poco plásticas.
✗  Utilizar preposiciones al final de un verso libre.

## Ejercicio

Escojamos un poema de alguno de nuestros poetas preferidos y modifiquemos los términos que hay en él, respetando su musicalidad y estructura para comprobar el efecto conseguido con nuestras variaciones. ¿Tiene el resultado la misma fuerza que el poema original?

## Conclusión

▶  El poema requiere fuerza y musicalidad.
▶  Evítense los términos rebuscados.
▶  Vigílese el final de cada verso, en la versificación libre.
▶  Cuidar el empleo de las metáforas.

## Nota a pie de página

La poesía es sin duda el género literario que requiere más observación y, por supuesto, más introspección. Si en los otros géneros prevalece la razón, aquí domina el sentimiento. Pero sentimiento no quiere decir emotividad gratuita o banal. La poesía debe ser filosofía surgida en el corazón y envuelta en cuidada estética. Pero no olvidemos que en el poema el componente cordial debe estar protegido también por el mental.

# 14

# A MODO DE COLOFÓN CON ALGUNAS SUGERENCIAS

## Conocer a fondo el material de trabajo

Bien, lector, estamos a punto de llegar al final.

Es evidente que podríamos seguir ampliando los temas aquí tratados, las indicaciones, las sugerencias, tal vez algún consejo, porque el mundo de la literatura —y del arte de escribir— es un mundo en sí mismo, un mundo de una realidad distinta, que requiere ciertos conocimientos y, sobre todo, una buena dosis de sensibilidad y de tesón si se quiere entrar en él, si se desea conocerlo y vivirlo.

Y para lograr la entrada en ese universo de una realidad diferente es necesario tener los ojos muy abiertos y la mente dispuesta a indagar, a buscar, a perseguir lo desconocido. Tal vez haya otra oportunidad para hablar con más detalle sobre lo que debe ser un escritor sin fronteras.

Decía Hemingway que un escritor que omite decir cosas porque no las conoce se limita a crear espacios vacíos en su escritura. Una gran verdad. Es siempre necio hablar de lo que no se conoce y más necio —y atrevido— escribir sobre ello.

 ***Escribamos siempre de aquello de lo que poseamos un cierto conocimiento.***

Así pues, tratemos de descubrir lo que todavía no conocemos, de adentrarnos en el inmenso universo de lo ignoto, porque eso ampliará los horizontes de nuestra mente y liberará nuestra imaginación, haciendo posible que la ficción se convierta, en cierto modo, en realidad.

No olvidemos tampoco un hecho capital: la atracción —o la pasión— que nos pueda llevar a escribir sobre un tema no debe limitarse tan sólo a investigar sobre él. Además de esos conocimientos imprescindibles es necesario dar color a la trama, proporcionarle textura, dotarla de interés a fin de que podamos atrapar al lector en las páginas que hemos escrito.

## Instrumentos imprescindibles para el escritor

Grandes nombres de la literatura han afirmado que los atributos fundamentales —y que, al mismo tiempo, resultan imprescindibles— que debe poseer todo escritor son dos: saber escuchar y saber mirar. Sus ojos y sus oídos deberán ser sus instrumentos básicos sin los cuales le será imposible crear su mundo literario. A ellos hay que añadir el hábito de la atención y la capacidad imaginativa. Y ya, en un plano más práctico y cotidiano, la conveniencia de disponer de un diario o de un bloc de notas al que ya nos referimos.

Fundamental es aprender a procesar la información que recibimos a través de los sentidos y practicar la atención en todo momento. Si desarrollamos el olfato necesario para saber en donde se encuentra el material interesante para la obra que vamos a escribir, o que estamos escribiendo, podremos llenar ese bloc de notas al que hacíamos mención. Apuntemos en él todo aquello que nos interesa, sin omitir las razones que nos impulsan a hacerlo.

 *El bloc de notas debe estar siempre a mano para captar la impresión, el momento, tal vez irrepetible, que estamos viviendo.*

Los seres humanos y las relaciones que mantenemos unos con otros, el mundo que no rodea y las circunstancias que vivimos —las habituales y las insospechadas— constituyen siempre un excelente material de estudio. No podemos marginarlo porque sin duda nos dará pie para enriquecer la obra que estemos escribiendo, o que pensemos escribir. Y esto vale tanto si pensamos en una novela como en un relato breve, en un poema o en una obra de teatro.

## Necesidad de investigar geográfica e históricamente

Como ya apuntábamos con anterioridad toda obra requiere una adecuada labor de investigación, tanto geográfica como histórica para dotarla de la imprescindible verosimilitud. Es necesario, por tanto, que nos situemos en el escenario en el que se va a desarrollar la trama, que nos movamos por él con la máxima soltura y que lo vivamos plenamente.

Para ayudarnos en lo que se refiere al escenario geográfico podemos recurrir a mapas, a la web o a personas que tengan muy fresco el recuerdo de los sitios visitados a que nos referimos en nuestra obra. Por supuesto que, al margen de los datos reales, siempre podremos incluir otros de tipo ficticio que seguramente enriquecerán la trama y que pertenecen exclusivamente al acervo de nuestra imaginación.

En el caso de que, pongamos por caso, nuestra obra incluya ciertas escenas que tienen lugar en Escocia y de momento no podamos ir a ese país, siempre nos quedará, por ejemplo, el recurso de acercarnos a un pub o a un club escocés de nuestra ciudad, y prestar mucha atención a lo que veamos, oigamos y percibamos entre los escoceses que sin duda han acudido a ese local. Y ambientados en ese típico lugar observaremos atentamente cómo nos influye cuanto allí nos rodea (sin olvidarnos de tomar algún apunte, naturalmente) y de qué manera lo podremos recrear. (Evidentemente, al margen de la tasca escocesa existen otras muchas opciones que pueden ser muy válidas para empaparnos de un determinado ambiente. Usted, amigo lector, ya se habrá dado cuenta de ello.)

**Búsquese siempre un ambiente propicio para escribir esa historia que se desarrolla en tierras o tiempos lejanos.**

Si nuestra obra tiene un profundo componente histórico recordemos que todo escritor siempre es, en cierta medida, tributario de ese pasado que está plasmando. Y el distanciamiento que pueda existir entre la época en la que vive y aquella a la que hace referencia en su obra puede ser una ayuda más que un obstáculo, pues es muy probable que la perspectiva histórica enriquezca la trama.

Un ejemplo bien clarificador de lo que decimos lo constituyen las obras de Shakespeare, que siempre se nutrió de hechos históricos o legendarios acaecidos en tiempos muy anteriores a su época, y que supo genialmente modificarlos y acomodarlos a su criterio.

De esta forma, y en muchos casos, también usted como escritor de una obra histórica tendrá que improvisar y ponerse en la piel de los personajes que haya creado. Algo que quien escribe estas líneas —si se me permite hacer este apunte personal— vivió con intensidad, tal vez un tanto dolorosa, cuando escribió *La balada del fuego fatuo*.

## La investigación biográfica

En el supuesto de que hayamos optado por escribir una obra biográfica —ya sea novelada o no— la admiración que podamos sentir por el personaje elegido tendrá que verse autentificada por medio de la información que podamos conseguir sobre él. Una información cuya fiabilidad deberemos comprobar con sumo cuidado, y sin dejarnos llevar por posibles simpatías o antipatías.

Una autora como Sheila Yeger describe cómo el hecho de conocer a un determinado personaje puede inspirarnos —a la hora de hablar sobre él— de una manera totalmente diferente a lo que podríamos escribir sobre él si sólo lo conociéramos a través de libros y referencias escritas.

*La mejor investigación biográfica que se puede hacer es la que se obtiene bebiendo directamente en las fuentes.*

A diferencia de lo que decíamos más arriba al referirnos en general a la ambientación geográfica, en el caso de la obra de contenido biográfico es muy necesario —a veces imprescindible— visitar el país de origen, o en el que vivió, el personaje que estamos tratando, consultar sus escritos, contactar con las personas que lo conocieron o lo conocen. En poscas palabras: beber en las fuentes.

## El componente ético

A la hora de escribir un relato biográfico, unas memorias o una obra de corte histórico hemos de tener un cuidado especial en constatar la veracidad y objetividad de las fuentes que nos han servido de base informativa. Con frecuencia no todas suelen ser imparciales. Así pues, será necesario que consultemos el mayor número posible y escojamos las que, por la seriedad de sus autores, nos parecen más fiables. Esa selección y elaboración del material más fiable constituirá, sin duda, la parte más importante de nuestro trabajo.

*Vigilemos siempre la fiabilidad y seriedad del material escogido para la realización de la obra.*

Si el tema o los personajes de la obra que vamos a escribir se enmarcan en una época reciente, ha de ser máximo el cuidado que hemos de tener para no desvirtuar o dañar a los posibles involucrados en lo que escribamos. Pondremos un ejemplo: En cierta ocasión Hemingway comentó que disponía del material necesario para escribir una buena novela que tendría por marco una determina ciudad americana; sin embargo, decidió que nunca la escribiría porque no quería dañar a personas que seguían viviendo allí.

Por consiguiente, seamos muy cautos a la hora de escribir esta clase de obras histórico-biográficas cuyos personajes son contemporáneos nuestros. No nos dejemos llevar nunca por el afán de sorprender o deslumbrar a nuestros posibles lectores con unas revelaciones que pueden dañar o ridiculizar a otras personas.

Por tanto, veamos:

## Lo que SÍ conviene hacer:

✓ Conocer a fondo aquello de lo que se va a escribir.
✓ Realizar un concienzudo trabajo de investigación.
✓ Seleccionar cuidadosamente el material disponible.
✓ Evitar cualquier tipo de perjuicio a los personajes tratados.
✓ Proporcionar una adecuada textura y colorido a la obra biográfica.

Y

## Lo que NO conviene hacer:

✗ Descuidar la investigación histórica.
✗ Relegar la utilización del bloc de notas.
✗ Alterar los datos reales para lograr un cierto aspecto efectista.
✗ Despreocuparse por el sustrato ético de la obra.

---

## Ejercicio

Léase aquella obra biográfica que más nos haya gustado y hágase una síntesis de ella con los datos que nos hayan impresionado en mayor medida.

## Conclusión

Así pues el autor de una obra creativa deberá:

- Conocer a fondo el material que se va a trabajar.
- Seleccionar las fuentes.
- Cuidar la ambientación histórica y geográfica.
- Mostrar una actitud ética con los personajes tratados.

## Nota a pie de página

Las obras de carácter biográfico, autobiográfico o las memorias requieren una particular actitud ética por parte del autor. Si bien es cierto que la capacidad imaginativa puede ayudar a la hora de recrear un ambiente o una circunstancia concreta es imprescindible que llevados por un afán de originalidad deformemos los hechos. Para finalizar, permítasenos aquella definición del romano Celso: «*Ars boni et aequi*»: El arte debe ser bueno pero justo.

# EPÍLOGO

Hemos llegado al final, paciente lector. Y al hacerlo esperamos haber cumplido lo que nos propusimos, es decir, lo que adelantábamos en la «Introducción». Ojalá lo hayamos logrado, siquiera sea en parte. Porque un taller literario, como es el caso del libro que tiene en sus manos, no es otra cosa que una guía, una ayuda, un indicador para el camino que todo escritor en cierne —o tal vez ya publicado— está emprendiendo.

Se ha dicho que la escritura —la literatura— es, por su misma esencia, una labor problemática. En la obra que se escriba, que escribamos, podemos decirlo todo, o casi todo. Pero es obvio que habremos de decirlo de la mejor manera, con «el mejor arte». He ahí el desafío, el gran reto que se presenta a todo escritor.

Lo que hemos pretendido hacer a lo largo de estas páginas no es en modo alguno establecer normas rígidas y definitivas sobre cómo se ha de escribir un libro, sino más bien impartir sugerencias y algún que otro consejo llevados, sin duda, por la experiencia que hemos acumulado a lo largo de no pocos años. Pero es usted, como escritor, el que habrá de marcar su propio camino y dar cumplida respuesta a sus ansias literarias.

Toda labor creadora magnifica la condición del ser humano, haciendo que de simple mortal se eleve —aunque sea parcialmente— al nivel del demiurgo, de aquel ser que expresa el alma auténtica del mundo y del acontecer del mundo.

Pero no es conveniente dormirse en los laureles de la exaltación y del entusiasmo. El escritor ha escogido un oficio que exige mucho esfuerzo, sacrificio y una no menos pequeña dosis de constancia. Pero sea cual fuere el resultado del trabajo realizado, creemos que ese esfuerzo ha valido la pena porque con él se ha visto cumplida una aspiración, y tal vez se haya pergeñado un nuevo renglón en el inefable universo de la escritura.

Y nada más. Quisiéramos concluir con aquellas estimulantes frases que Flaubert dedicaba a todo joven escritor, y que ya hemos incluido en uno de los capítulos de este libro: «Trabaja, trabaja, escribe tanto como puedas, tanto como tu musa te arrebate. Este es el mejor corcel, la mejor carroza para escapar a los rigores de la vida. El cansancio de la existencia no nos pesa cuando escribimos». ¡Suerte!

# BIBLIOGRAFÍA
# SELECCIONADA

Amorós, Andrés, *Introdución a la literatura*, Castalia, 1980.

Auerbach. E, *Mimesis. La representación de la realidad en la literatura occidental*, Fondo de Cultura Económica, 1950.

Ayala, Francisco, *Los ensayos I: Teoría y crítica literarias*, Aguilar, 1972.

Barthes, Roland, *Critique et verité*, Editions du Soleil, 1966.

—, *Ensayos críticos*, Seix Barral, 1967.

Blanchot, Maurice, *El espacio literario*, Paidós, 1969,

Bradbury, Ray, *Zen en el arte de escribir*, Minotauro, 1995.

Cabo Aseguinolaza, Fernando, y Rábade Villar, Maria, *Manual de teoría de la Literatura*, Castalia, 2006.

Coetzee, J. M., *Mecanismo internos*, Random House Mondadori, 2007.

Cohen, Jean, *Estructura del lenguaje poético*, Gredos, 1970.

Eliot, T. S., *Función de la poesía y función de la crítica*, Seix Barral, 1955.

Garaudy, Roger, *D'un réalisme sans rivages. Picaso, Saint-John Perse, Kafka*, Plon, 1963.

Kohan, S., *Escribir una novela que atrape al lector*, Ediciones el Andén, 2008.

Lázaro Carreter, Fernando, *Estudios de poética*, Taurus, 1976.

Maritain, Jacques, *La poesía y el arte*, Emecé, 1955.

Mittelmark, Howard, y Sandra Newman, *How Not to Write a Novel*, Harper Collins Publishers, 2008.

Paz, Octavio, *Las peras del olmo*, Seix Barral, 1983.

Phillips, Larry, *Hemingway on Writing*, Granada, 1984.

Smith, James, *The Writer's Helper*, F. W. Publications, 1996.

Vogler, Christopher, *El viaje del escritor*, Robinbook, 2002.

## Cómo montar un espectáculo teatral
Mercé Sarrias y Miguel Casamayor

Cómo montar un espectáculo teatral pretende ser una herramienta de trabajo y un libro ameno a la vez. Un recorrido paso a paso por todos los elementos necesarios para montar un espectáculo teatral. En todos los sentidos: Tanto los técnicos como los creativos.

En este libro puedes encontrar desde consejos sobre cómo plantear un calendario de ensayos, al papel del iluminador, y cuantos técnicos son realmente necesarios para poder poner en marcha un espectáculo, hasta las necesidades dramáticas a la hora de construir un texto, ya sea a partir de una obra, una canción o una improvisación.

## Cómo vivir sin dolor si eres músico
Ana Velázquez

Los músicos están expuestos –más que la mayoría de las profesiones– a lesiones musculares y articulares debido a la repetición de sus movimientos. La mejor manera de prevenirlas es enseñando desde los comienzos la más óptima colocación del instrumento y evitar las alteraciones en el sistema postural.

Este libro ofrece los recursos necesarios en cada tipo de instrumento para mejorar la postura interpretativa y evitar lesiones que mermen el trabajo de un músico.